Was ist bei den bestehenden Armengesetzen von einer wohlorganisirten Armenkrankenpflege, als integrirendem Theil der Armenpflege, vorzugsweise in grossen Städten, zu verlangen?

Mit Rücksicht
auf die
für Berlin beabsichtigte Reform des Armenwesens
beleuchtet von

Dr. A. Schultz.

Abdruck aus Göschen's „Deutscher Klinik".

Berlin.
Druck und Verlag von Georg Reimer.
1853.

Es wird von den Armenverwaltungen als Grundsatz hingestellt: nur diejenigen Personen zu unterstützen, bei denen ein wirkliches Bedürfniss sich vorfindet, und die Unterstützungen auch nur so weit zu gewähren, als es eben das Bedürfniss erfordert. Die Frage: ob es angemessen oder angemessener sei, der vollständigen Verarmung vorzubeugen, kann hier nicht in Betracht gezogen werden. Wohl aber wird des Unterschiedes zu gedenken sein, welcher für die Armenpflege erwächst aus der Eigenthümlichkeit des Ortes, in welchem sie wirklich werden soll.

Die Grösse des Ortes, und zwar nicht die extensive, sondern die intensive Grösse ist es, worauf wir in dieser Beziehung zu achten haben werden. Mit diesem Unterschiede ist gleichzeitig der zwischen dem platten Lande und den Städten gesetzt, und man wird füglich die kleineren Städte, namentlich die ackerbautreibenden, von den grossen unterscheiden müssen, jene mehr dem platten Lande zuzählend.

Auf dem platten Lande, in den kleineren Städten, ist die Armenpflege, so weit sie von der Obrigkeit des Ortes geübt werden muss, eine bedeutend einfachere. Die Menschen, als Menschen einander näher gerückt, kommen durch private und meistentheils Natural-Unterstützungen einander und der Obrigkeit bei ihren Verpflichtungen zur Armenpflege eher, williger und erfolgreicher zu Hülfe. Es besteht eine Art Familienleben zwischen allen.

Anders verhält es sich in grossen Städten. Der Unterschied der Stände tritt schärfer hervor und trennt den Menschen vom Menschen. Das Leben in den grossen Städten ist ein weit verzehrenderes, und in verhältnissmässig kurzen Zeiten sieht man in ihnen frische Kräfte abgenutzt. Die Beschäftigungen der Menschen weichen in den grossen Städten wesentlich ab von denen in den kleineren der bezeichneten Art; sie sind weiter abgerückt von den mehr natürlichen, welche das platte Land und die ihm gleichstehenden Städte darbieten und fordern; die Mannigfaltigkeit der Beschäftigungen muss bei den einzelnen Individuen einer grossen Einseitigkeit weichen, damit durch diese Einseitigkeit die möglichste Vollkommenheit in einer bestimmten Beschäftigung erreicht werden könne. Die hieraus erwachsenden Nachtheile treffen besonders die unteren Schichten der Bevölkerung; sie sind es, deren Kräfte zu Gunsten der Wohlhabenden, der Reichen verbraucht, rasch verbraucht, bei ihrer einseitigen Ausbildung durch die leisesten Schwankungen in den allgemeinen Verkehrsverhältnissen brach gelegt werden. Getrennt von den höheren Ständen eben durch die Standesunterschiede, finden sie bei den einzelnen, diesen angehörigen Individuen nicht die directe, persönliche Unterstützung und Hülfe, wie sie auf dem platten Lande angetroffen wird. So bleibt die Sorge fast für Alle, welche aus diesen Ständen der Noth verfallen, lediglich den Obrigkeiten und ihren Organen überlassen, wenn nicht, wie in England, kirchliche Vereine statt derselben helfend eintreten.

Hiernach wird die obengestellte Frage nur aus dem Gesichtspunkte aufzufassen sein, dass nicht durch privative Hülfe, sondern hauptsächlich, wenn nicht lediglich, durch die Ortsvorstände das Bedürfniss befriedigt werden muss. Haben die Ortsvorstände, denen die Sorge für die Armen obliegt, im Allgemeinen dahin zu streben, zwei einander widerstreitende Interessen zu berücksichtigen, zu befriedigen, so tritt in grossen Städten noch ein drittes Moment hinzu, welches auf ihr Handeln bestimmend einwirken muss.

Jene beiden einander widerstreitenden Interessen sind das der Communen als solcher, und das der Armen als solche. Jenes verlangt, gebietet, die grösseste Sparsamkeit in Verwendung der Communalmittel; ein Verfahren, was in dem Grade in den Vordergrund tritt, in welchem die zu den Communalmitteln Beisteuernden anderweit, etwa durch Staatssteuern, zur Tragung von Lasten herangezogen, oder ihrer Zahl nach wenige sind; dieses, das Interesse der Armen verlangt eine larga manus. Das dritte Moment, welches hinzutritt zu diesen beiden, entspringt aus der angedeuteten Eigenthümlichkeit grosser Städte. Werden in grossen Städten die Kräfte, und mit ihnen Gesundheit und selbst Leben Vieler zu Gunsten Weniger gebraucht, verbraucht, so liegt es in der Billigkeit, selbst in der Gerechtigkeit, dass diese Wenigen um so mehr thun für die Unterstützung derer, denen durch den Verbrauch der Kräfte für sie die Gesundheit, und die zur eigenen Beschaffung von Subsistenzmitteln nöthigen Kräfte, oder selbst die natürlichen Ernährer und Erhalter entzogen sind. Folgerecht wird daher von einer Armenpflege in grossen Städten ceteris paribus eine ausgedehntere, ausgiebigere Sorge für die Armen verlangt werden können, verlangt werden müssen, wie auf dem Lande oder in kleinen Städten.

Die Mittel und Wege anzugeben, wie diese verschiedenartigen Interessen miteinander, trotz ihrer widerstreitenden Natur, in Einklang zu bringen seien, gehört nicht hierher. Dies würde Aufgabe sein einer Betrachtung der Armenpflege im Ganzen.

Die Armenkrankenpflege ist nur ein Theil der gesammten Armenpflege. Sie wird geregelt werden müssen nach den für die gesammte Armenpflege angenommenen Grundsätzen, und so fern in grossen Städten drei Rücksichten sich geltend machten für diese, so werden dieselben auch bei der Behandlung jener, der Armenkrankenpflege, in Betracht kommen.

Ihrer Natur nach stellt sich die Armenkrankenpflege unter zwei Gesichtspunkten dar. Aus dem einen erhält sie sich in den Eingangs aufgestellten Grenzen für die Armenpflege überhaupt, sie hat sich zu befassen mit dem Gesundheitszustande solcher Personen, die nach allgemeinen Grundsätzen der Armenpflege anheimfallen. Aus dem andern Gesichtspunkte schreitet sie heraus aus diesen Grenzen, und tritt auf als Präventivmassregel. Eine gesunde Oekonomie wird beide Gesichtspunkte für die Armenkrankenpflege verfolgen, und hierdurch zum Theil wenigstens schon Rechnung tragen dem dritten, für grosse Städte aufgeführten Momente. Es kann nicht entgehen, dass der Commune grosse Kosten erspart werden, wenn durch Ausdehnung der Armenkrankenpflege auf solche Personen, die den allgemeinen Grundsätzen der Armenpflege nach noch keinen Anspruch auf Unterstützungen aus öffentlichen Mitteln haben würden, viele Familien über momentane, durch Krankheiten herbeigeführte Verlegenheiten hinweg geführt, ihnen die Erhalter und Ernährer erhalten, oder zum arbeits- und erwerbsfähigen Zustande zurückgeführt werden. Der Aufwand von Mitteln, welcher hierzu erforderlich ist, wird überwogen durch die Ersparungen, welche die Abwehr völliger Verarmung der Betreffenden mit sich führt. Praktisch ist durch die Beachtung dieser beiden Gesichtspunkte für die Armenkrankenpflege die in ihrer Allgemeinheit als nicht hierher gehörig angedeutete Frage: über Angemessenheit von Vorbauungsmitteln gegen die Verarmung, entschieden.

Alle Vorschläge über Armenkrankenpflege werden sich anders gestalten, je nachdem sie von einer bloss verwaltenden oder einer Medicinalperson ausgehen. Jene, die verwaltende Person, wird, und von ihrem Standpunkte aus mit Recht, die finanziellen Rücksichten obenan stellen; diese dagegen das Wohl der Leidenden als leitendes Moment vorwalten lassen. Ob jene mit ihrer momentanen Sparsamkeit der betreffenden Commune einen reellen, über die Gegenwart hinausreichenden Nutzen schaffen, oder diese bei grösserer Freigebigkeit das Gemeinwesen zu sehr belasten werde, kann fraglich werden, und wird oft abhängen von Verhältnissen, die weder in der Macht noch in der Voraussicht der einen oder der anderen liegen und liegen konnten.

Dennoch dürfte die Behauptung nicht zu gewagt erscheinen, dass Vorschläge von Medicinalpersonen über Armenkrankenpflege mehr zum Wohle des Ganzen gereichen, als die bloss verwaltender Beamten. Mehr Gewicht wird dieser Behauptung noch gegeben, wenn man zugesteht, dass mit dem leiblichen Wohle, mit der körperlichen Gesundheit, eng verbunden auftreten die Zustände des Geistes, des Gemüthes und Charakters. Was die Communen mehr aufbringen und ausgeben müssen, um weitgreifende Vorschläge von Medicinalpersonen für die Armenkrankenpflege zu verwirklichen, das dürften sie reichlich ersparen an der Unterhaltung nicht allein von Siechenanstalten, sondern selbst von Detentions- und Strafanstalten; das dürfte in vollem Maasse ihnen sich dadurch wieder ersetzen, dass sie eine grössere Zahl geistig gesunder Glieder bewahrten.

Können durch solche Betrachtung selbst sehr weit greifende Vorschläge von Medicinalpersonen gerechtfertigt erscheinen, so wird man eine andere Rücksicht, welche Medicinalpersonen bei ihren Vorschlägen mit als leitend ansehen möchten, nicht tadeln, sondern aus höherem Standpunkte billigen müssen; die Rücksicht nämlich auf das eigene Fach. Wenn man es als eine Pflicht jedes Kranken ansehen darf, seinen Mitmenschen im Falle des Todes noch im Tode durch Gestattung der Oeffnung seiner Leiche zu dienen, so kann man wohl von Communen verlangen, dass sie ergänzend für den Unverstand ungebildeter, ihrer Sorgfalt anheimgefallener Kranken eintreten und Einrichtungen treffen, dass diese Armen durch ihre Krankheiten selber ihren Mitmenschen nützlich werden. Selbst von ganz gebildeten Personen hört man jetzt, theils als Besorgniss, theils als Tadel aussprechen, dass Aerzte an den Armenkranken experimentiren. Diese Besorgniss, dieser Tadel, darf nicht von Vorschlägen abhalten, welche das Interesse für das Fach gebietet. Beide, Besorgniss wie Tadel, beruhen auf unklarer Anschauung der Sache. Jede Kur kann als ein Experiment angesehen werden, da jeder Kranke mit seiner Individualität als etwas Neuem zu dem anderweit etwa schon Bekannten hinzutritt, und sich niemals mit unumstösslicher Gewissheit der Erfolg des eingeschlagenen Heilverfahrens vorhersagen lässt. Das mathematische zweimal zwei ist vier findet keine stricte Anwendung in der Arzneikunst. Uebersehen jene Besorglichen und Tadelnden also, dass sie selbst, sobald sie einer Krankheit verfallen, möge ihre bürgerliche Stellung sein, welche sie wolle, Gegenstand naturhistorischer Forschung und naturhistorischen Experimentirens werden; so übersehen sie noch mehr, dass für die Wissenschaft, und somit auch für sie, wie selbst und noch mehr für ihre armen Schützlinge, nur Gewinn hervorgehen kann aus solchen Verhältnissen, welche dem Arzte die grösstmögliche Sicherheit gewähren für die Befolgung seiner Verordnungen; ein Moment, dessen die Privatpraxis so sehr, wenn nicht ganz, entbehrt.

Nach diesen Prämissen wird zunächst das Object, welches erörtert werden soll, in's Auge zu fassen sein.

Die Armenkrankenpflege zerfällt vorweg in zwei Theile; in das, was man Krankenpflege schlechthin zu nennen gewohnt ist, und bei dem der Hauptaccent auf der Pflege ruht; und in das curative Verfahren, das eigentliche Geschäft der Medicinalpersonen.

Jene, die Pflege, wird geübt von den Angehörigen der Kranken, oder von besonderen Personen, Wärtern oder Wärterinnen, in beiden Fällen nach den Anordnungen des Arztes. Soll sie ihrem Zwecke entsprechen, so erfordert sie nicht bloss willige und kundige, sondern eben so sehr durch Körper, Geist, Gemüth und Charakter geeignete Personen zu ihrer Ausführung.

Dieses, das curative Verfahren wird sich nicht darauf beschränken dürfen, gegen gerade vorhandene krankhafte Zustände der Armen einzuschreiten, sondern wird sich auch ausdehnen müssen auf ein prophylactisches Handeln.

Demgemäss wird für eine Armenkrankenpflege sich das Bedürfniss herausstellen: für eine geeignete Pflege zu sorgen, und Veranstaltungen zu treffen, durch welche vorhandenen Krankheiten entgegengewirkt, neuen Erkrankungen aber vorgebeugt werden könne.

Von Letzteren dürfte zuerst zu handeln sein.

So wünschenswerth, ja für die Erreichung dieses Zweckes, der Vorbeugung von Erkrankungen, nothwendig es auch erachtet werden muss, in das Familienleben der Armen einzudringen, auf angemessene Wohnungen, auf vernünftige Erziehung, Nahrung und Kleidung zu achten; so übersteigt doch das hierzu Erforderliche die Kräfte der Communen und liegt auch zum Theile ausserhalb ihrer Berechtigung. Daher wird die prophylactische Armenkrankenpflege nur das in's Auge zu fassen haben, was den Communen nach ihren Kräften oder gesetzlichen Befugnissen möglich ist, und muss es den Bestrebungen von Privatvereinen überlassen, für das Uebrige zu sorgen.

So wenig Mittel die Communen haben, auf die Wahl der Wohnungen bei den Armen, auf die Beseitigung der nachtheiligen Wirkungen derselben direct einzuwirken, so stehen ihnen doch Mittel zu Gebote, dies indirect zu thun, und die Anwendung dieser Mittel wird ein Gewinn für die Armenkrankenpflege genannt werden können. Was ausserdem die Commune auf diesem Gebiete nicht zu leisten vermag, das ist dem Staate noch kein Unerreichbares.

Als ein den Communen zustehendes und in ihrer Macht liegendes Mittel, den üblen Wirkungen ungesunder Wohnungen entgegen, und somit prophylactisch für die Gesundheit der Armen, wenn auch nur in ihrer heranwachsenden Generation, zu wirken, lassen sich die Kinderwarteanstalten, die Kleinkinder-Bewahranstalten hinstellen. In finanzieller Hinsicht von betrauten zuverlässigen und umsichtigen Personen, in ärztlicher Rücksicht von Medicinalpersonen überwacht, lässt sich hoffen, dass ihre heilsamen Wirkungen nicht ausbleiben werden.

Mit diesen Kinderwarteanstalten verbindet sich ungezwungen eine Einwirkung auf die Erziehung, auf die geistige sowohl, als auf die leibliche, und kann zu weiterer Ausdehnung gelangen in den sogenannten Spielschulen.

Ob in beiden nicht auch auf die Nahrung und Kleidung der jugendlichen Individuen gewirkt werden könnte? ist eine Frage, die vom ärztlichen Standpunkte aus sich unbedingt bejahen lässt, und welche nur vom rein administrativen, rein finanziellen Standpunkt aus bezweifelt werden könnte. Indessen dürften selbst diese Zweifel, diese Bedenken zu beseitigen sein. Bei Personen, welche an sich schon der Armenpflege anheimgefallen sind, muss die Commune direct oder indirect für Nahrung und Kleidung, also auch für Nahrung und Kleidung der heranwachsenden Jugend sorgen. Nimmt sie den Almosenempfängern die Sorge für die Nahrung und Kleidung ihrer Kinder ab, so wird sie unstreitig ein entsprechendes Quantum vom Almosen streichen, ersparen können, und hierbei versicherter sein können, dass den Kleinen das ihnen Heilsame gewährt wird, als wenn sie die dazu erforderlichen Geldmittel in die Hände eines trunkfälligen Vaters oder einer liederlichen Mutter legt.

Wenn hierdurch zwar nur für das heranwachsende Geschlecht den Anforderungen der Prophylaxis einigermassen genügt wird, und wenn dadurch freilich nicht die Momente beseitigt werden, welche die Fortpflanzung gewisser Körperleiden von Generation zu Generation begünstigen; so würde doch wenigstens Etwas geschehen, ein Anfang gegeben sein.

Einer Beseitigung der Grundübel stellen sich zwar grössere Hindernisse entgegen, auch ist dieselbe jedenfalls nur allmälig zu erreichen in dem Grade, in welchem man den niedern Ständen selber Reinlichkeit, Sauberkeit und ein vernünftiges Leben zum Bedürfniss werden lässt. Es kann nicht unmöglich erachtet werden, dass eine Commune, wie z. B. Berlin, wenn auch erst in sehr allmäligem Vorschreiten, die vorhandenen ungesunden, namentlich Keller- und Dachwohnungen, durch Ablösung beseitigt, so fern der Staat nur das Neuentstehen von dergleichen durch geeignete Gesetze verhindert. Wollte man hier in Berlin die Mittel, welche aus der sogenannten Hundesteuer fliessen, statt für solche Zwecke, die mehr die Bequemlichkeit und die äussere Schönheit der Stadt im Auge haben, auf die Ablösung von ungesunden Wohnungen unter denselben Modalitäten verwenden, welche man für die Legung von Granitbahnen festhält, so würde man sicher der ärztlichen Prophylaxis einen grossen Vorschub leisten, und, wenn auch erst in sehr ferner Zukunft, das grosse Ziel erreichen. Alles Grosse in der Welt ist aber nur allmälig geworden, und viel Grosses ist unterblieben, weil man von vorne herein vor der Grösse des Unternehmens zurückschreckte, und erst später, wenn seine Realisirung noch schwieriger geworden, zu der Einsicht kam, dass die Erreichung möglich war.

Ohne Beihülfe, wenn auch nur legislative, von Seiten des Staates ist indessen nichts zu erreichen.

Der Staat als solcher hat die Verpflichtung anerkannt, dafür zu sorgen, dass die Räume, welche für Verbrecher bestimmt sind, eine angemessene Grösse haben; er hat dieselbe auf etwa 800 Kubikfuss für einen Menschen festgesetzt. Es hat der Staat die Verpflichtung anerkannt, in den für seine Krieger bestimmten Lazarethen dem Einzelnen einen gemessenen Raum zu bestimmen, der nicht unter 450 Kubikfuss sinken soll. Es dürfte dem Staate wohl zustehen und anstehen, dieselbe Sorgfalt, welche er Verbrechern angedeihen lässt, auch auf Rechtschaffene auszudehnen, und in ähnlicher Weise, wie in England eine besondere Commission durch Parlamentsakte zur Ueberwachung der Wohnungen befugt und verpflichtet ist, ein Gesetz herbeizuführen, durch welches diese Verhältnisse geregelt würden. Es kann behauptet werden, dass nicht zu viel verlangt werde, wenn man ihm zumuthete, für Neubauten, auf Grund von Gutachten der höchsten Medicinalbehörde des Landes, Bestimmungen herbeizuführen, welche die Beschaffung gesunder und räumlich genügender Wohnungen zum Ziele hätten.

Die grosse Masse unserer niederen Stände lebt in Unordnung und Unsauberkeit. Nicht dass ihr der Sinn für das Bessere ganz fehlte, sondern aus Hoffnungslosigkeit. Die Beschränktheit der Mittel, welche nur ausreichen, und kaum ausreichen, den dringendsten Anforderungen des Lebens zu genügen, die Voraussicht, diese Mittel nicht steigern zu können, macht diese Klasse der Bewohner grosser Städte gleichgültig, weil hoffnungslos, gegen das Nächste, Bessere, sofern es eben jene dringendsten Anforderungen übersteigt. Hier kann, hier muss die Commune einschreiten. Sie kann es, weil die auf die Erreichung solcher Zwecke angewendeten Mittel sich reichlich wieder einbringen; sie muss es, weil von ihrem Einschreiten das leibliche, und mit diesem das geistige Wohl ihrer Insassen, und in weiterer Folge ihr eigenes Gedeihen, ihre Ruhe, selbst die Ruhe des Staates abhängt, wenn nicht stets durch Gewaltmittel ein glimmendes Feuer nicht erstickt, sondern nur mit lockerer Asche bedeckt erhalten werden soll.

Zu diesen der Prophylaxis dienenden Mitteln gehören die Bäder. Oeffentliche Bäder, sowohl kalte als warme, gehörten im klassischen Alterthume zu jeder irgendwie ansehnlichen Stadt. Bäder sind unzweifelhaft ein das Bestehen der Gesundheit sehr beförderndes Mittel, und es muss in der That befremden, dass die Menschen so wenig an sich selber üben, was sie für ihre Hausthiere erspriesslich halten und sorgfältig ausführen oder ausführen lassen: eine vernünftige Hautcultur. Jeder Pferdebesitzer weiss, dass die Hautpflege das halbe Futter ist; er übt sie oder lässt sie üben an seinen Thieren, aber er selber starrt auf seinem Leibe von Schmutz und Unsauberkeit. Er kann nicht erschwingen, was Bäder kosten, und die Gewohnheit des Schmutzes wird zur andern Natur, erstreckt sich vom eigenen Körper auf die Umgebung und ergreift endlich den Geist selber.

Es ist nach langem vergeblichem Bemühen gelungen, wenigstens einen Anfang von öffentlichen Flussbädern für Berlin herbeizuführen. Die ausgedehnte Benutzung derselben spricht deutlich dafür, dass sie ein Bedürfniss seien, und dass auch das Volk nicht des Sinnes dafür entbehre. [1]) Warme öffentliche Bäder, nicht bloss für Kranke bestimmte winzige Wannenbäder, haben bisher trotz aller Bemühungen nicht erreicht werden können, weil das Unternehmen zu gross für die Mittel der Stadt erschien. Doch auch sie, und zwar in Verbindung mit Waschanstalten, wie man sie schon in dem gewiss rechnenden England eingerichtet hat, sind ein entschiedenes Bedürfniss für die prophylactische Seite der Armenkrankenpflege. Wem die Möglichkeit wird, ohne Entgelt oder für ein Geringes seinen Leib und seine Leibwäsche gereinigt zu sehen, dem wird es bald unerträglich sein, sich in seiner Wohnung in Unsauberkeit und Schmutz zu finden. Die weiteren Folgen für den

[1]) In den Sommermonaten des Jahres 1852 haben in dem städtischen öffentlichen Flussbade täglich über 1500 Personen gebadet, und der Andrang war oft so gross, dass ein Theil der Badelustigen abgewiesen werden musste.

Ordnungssinn in aller und jeder Beziehung und für die Rückwirkung desselben auf das leibliche Wohl können nicht bezweifelt werden.

Nicht ohne Einfluss auf das leibliche und weitergreifend auf das geistige Wohl sind die Beschäftigungen. Aus der Art, welcher sie sind, aus dem Zwecke, welchem sie dienen, folgt die moralische Verpflichtung derer, welchen aus diesen Beschäftigungen nicht Nutzen allein, nicht das Nothwendige bloss, sondern das Angenehme erwächst, ein Mehreres zu thun für die, welche unter dieser Art von Beschäftigungen, für diese Zwecke ihre Kräfte, ihre Gesundheit gestört, vernichtet sehen. So sehr aber auch vom ärztlichen Standpunkte aus hier Eingriffe gewünscht werden mögen, so gestattet doch die Lage der socialen Verhältnisse, der Industrie im Besondern, kaum dergleichen. Nur für die jugendlichen Individuen können Anordnungen gewünscht werden, welche dieselben gegen drohende Uebel schützen. Und wenn man aus diesem Gesichtspunkte die Beschäftigung jugendlicher Individuen, Kinder, in Fabriken beseitigt wünschen muss, so treten auch hier staatliche Verhältnisse hemmend entgegen. Es ist zwar unzweifelhaft, dass es für die Tasche des Zahlenden vollkommen gleichgültig ist, ob er eine gegebene Summe zur Unterhaltung Arbeitsunfähiger oder als höheren Kaufpreis für seine Bedürfnisse, zumal seine Luxusbedürfnisse, zahle; aber eben so unzweifelhaft muss es erachtet werden, dass dies für den Staat nicht der Fall ist. Wenn dasjenige, was durch die Abnutzung jugendlicher Kräfte in Fabriken an Arbeitslohn und somit am Kostenpreise der Producte erspart wird, auch anderweit von den hier Sparenden als Beisteuer zur Armenpflege gezahlt wird, so bleiben der Commune, dem Staate, doch als Rest nicht körperlich allein, sondern geistig und moralisch untergrabene, vernichtete Individuen, von denen keine geistig und körperlich gesunde Generation ihren Ursprung nehmen kann. Dennoch könnte eine radicale Abhülfe nur dann gehofft werden, wenn über diese Angelegenheit in allen civilisirten Staaten gleiche Grundsätze zur Geltung gebracht würden. So lange aber auch nur ein Staat in egoistischer Befangenheit sich ausschliesst, bleibt die Ausführung für alle übrigen unmöglich, und nur zu schützen, so weit es ohne Beeinträchtigung der Industrie möglich ist, kann die Aufgabe der prophylactischen Armenkrankenpflege sein. Dieser Schutz wird nach den verschiedenen Industriezweigen ein verschiedener sein müssen, und eine Erörterung desselben schreitet weit hinaus über die Grenzen eines Bildes, welches doch nur Umrisse enthalten kann.

Hiermit, könnte man meinen, wäre der prophylactischen Armenkrankenpflege genügt, wenn nicht noch zwei Gruppen jugendlicher Individuen Anspruch machen könnten und machten auf Berücksichtigung.

Es sind dies die Waisen und diejenigen Kinder, welche der Italiener euphemistisch Figlii senza padre e senza madre nennt.

Die ersteren, so weit sie von mittellosen, armen Eltern stammen, und die letzteren fast ohne Ausnahme sind es, denen wir nur zu oft als körperliche und geistige Krüppel begegnen. Und hier tragen Commune und Staat fast in gleicher Weise die Schuld.

Nach der Confirmation aus den Waisenanstalten entlassen, stehen diese jugendlichen Individuen ohne Anhalt und Schutz da. Gezwungene Vormünder ohne Sinn und Gefühl für ihre Pflichten überlassen diese Waisen sich selber, oder vielmehr dem wogenden Meere des Lebens. Auf die eine oder die andere Weise gedrängt, ihren Pflichten äusserlich nachzukommen, wissen sie nichts Anderes und nichts Besseres, als sich auf die einsetzende, vorgesetzte Behörde zurückzuziehen, und diese wiederum weiss auch nichts Anderes und Besseres, als die betreffenden Verwaisten für leichte jugendliche Fehler, über welche eine liebende väterliche Hand die jungen Verirrten schonend hinweggehoben haben würde, in irgend eine Straf- oder Besserungsanstalt, die Hochschulen für Entsittlichung, und damit für leibliches Verderben, zu senden. Der Makel, der ihnen hierdurch angeheftet wird, erschwert ihnen, ja macht es ihnen oft unmöglich, in irgend ein reelles Verhältniss zu treten, und so stürzen sie, durch Hoffnungslosigkeit zur Gleichgültigkeit gegen Besseres, Edles geführt, von Staffel zu Staffel tiefer in geistiges und leibliches Verderben, aus dem kein Arzt, sei er Arzt der Seele oder des Leibes, sie zu retten vermag.

Die blosse administrative, finanzielle Seite des Communallebens sollte demnach billiger Weise es als eine Aufgabe betrachten, diesen Uebeln entgegen zu arbeiten, durch eine über die Waisenhausjahre hinausreichende Sorge für die Verwaisten, durch ein Hinwirken auf ein geändertes Vormundschaftswesen bei den Staatsbehörden. Dass sie hierdurch gleichzeitig, und selbst unwillkürlich, für die prophylactische Armenkrankenpflege wirksam sein würde, erscheint unzweifelhaft.

Die zweite Gruppe dieser jugendlichen Individuen, der von Hause aus verwaisten, der Figlii senza padre e senza madre, steht noch übler da. Die Pflege der Mutter entbehrend, wird so ein Kind Gegenstand gewinnsüchtiger Menschen. Mögen unter den sogenannten Pflegeeltern, welche aus der Aufnahme der Haltekinder ein Gewerbe machen, auch manche, ja viele brave Leute sein, bei den meisten derselben ist denn doch Gewinnsucht die Triebfeder zu der sogenannten Wohlthat. In der Regel selbst den Armen, den Almosenempfängern angehörig, nehmen sie das Pflegegeld, das so spärlich zugemessene Pflegegeld, um am Schlusse des Monats etwas Baares in die Hände zu bekommen, womit sie die gemachten Schulden decken. Das anvertraute Kind nur gerade ebenso zu erhalten, dass die überwachende Behörde keinen bestimmten Anlass finde, mit dem Kinde das Pflegegeld zurückzuziehen, das ist das einzige Streben; darüber hinaus geht es nie, geht es selten. Und oft ist dies Alles noch bei weitem besser, als wenn das Kind in den Händen einer vielleicht liederlichen Mutter verbleibt, die das in ihrem Körper hausende Gift auf den Säugling überträgt, den seiner Beine noch nicht recht mächtigen Knaben in Wind und Wetter hinaus trägt oder stösst, um mit seinem Siechthum auf das mitleidige Herz Anderer zu wirken, und mit dem kaum gereiften Mädchen einen niederträchtigen Handel treibt.

Für die Säuglinge dieser Kategorien ist überall wenig oder gar nicht gesorgt, und die Keime zu untilgbarem Siechthum werden früh gelegt.

Man hat über Findelhäuser viel gestritten, sie empfohlen, sie verdammt, und doch dürften Findelhäuser in grossen Städten ein unentbehrliches Requisit für die prophylactische Armenkrankenpflege werden. Geleugnet kann nicht werden, dass die Sterblichkeit in allen solchen Anstalten eine grosse ist. Indessen steht es doch wohl noch in Frage, ob sie wirklich so überwiegend ist, wie behauptet wird. Augenfälliger ist sie gewiss. Wenn ein Eisenbahnzug verunglückt, so erleiden freilich viele Personen mit einem Male Beschädigungen, selbst den Tod. Das ist klar, fällt in die Augen, veranlasst erhebliches Geschrei. Ob aber, wenn man die ganze Zahl der auf Eisenbahnen in einer längern Frist transportirten Individuen zusammenhält mit den Verunglückten, sich ein ungünstigeres Verhältniss herausstellt, als wenn man die gleiche Zahl anderweit Beförderter für einen gleichen Zeitraum mit den an verschiedenen Orten, zu verschiedenen Zeiten in diesem Zeitraume Beschädigten oder zu Grunde Gegangenen vergliche; das ist noch nicht erwiesen, und selbst zweifelhaft. Der Unterschied ist nur der: dort ist des Unglücks viel auf einen Punkt, auf einen Moment zusammengedrängt, und daher erschütternder einwirkend, hier tritt es zerstreut und vereinzelt auf nach Zeit und Ort, und verschwindet in dem Gedränge der Tagesbegebenheiten. So dürfte es auch mit den Findelhäusern und der in ihnen herrschenden Sterblichkeit der Kinder sein. Aber selbst wenn die Sterblichkeit in den Findelhäusern grösser wäre, selbst wenn es unmöglich wäre, durch grosse Sorgfalt, durch noch grössere Sorgfalt, als sie bisher irgendwo geübt sein mag, dieser grossen Sterblichkeit entgegen zu treten, was wenigstens noch nicht ausgemacht; so fragt sich denn doch, ob das ein grösseres Unglück sei: eine bestimmte Zahl von menschlichen Geschöpfen in frühester Jugend der Erde wieder zu übergeben, oder das: nach Jahren in allmäligem Hinsterben dieselbe Zahl von Individuen aber als geistig und körperlich verkümmerte in die Grube sinken zu sehen. Besser dürfte die Commune und der Staat berathen sein, dem nur ein kräftiges Geschlecht heranwächst, als der, welcher im fruchtlosen Streben gegen die Alles leitende Hand sich schon vom Wurme durchnagte Früchte in kläglichem Dasein ein paar kümmerliche Jahre länger zu erhalten mehr hofft, als wirklich erhält.

Es liegt übrigens sehr nahe, dass mit Findelhäusern einem Mangel abgeholfen werden könnte, welcher sich auf anderem Wege bis jetzt noch nicht hat beseitigen lassen wollen. Viele Mütter aus den ärmeren Klassen können entweder gar nicht sich dem Säugegeschäfte widmen, oder nur in sehr unregelmässiger, dem Säuglinge nachtheiliger Weise. Für diese jungen Geschöpfe würde ebenfalls, wenn auch nur für die Dauer der Säuglingsperiode, in den Findelhäusern etwas geschehen können, da diese doch immer mit Ammen oder anderen zweckmässigen Nähreinrichtungen versehen sein müssen.

Glaubt man durch dies Alles den Communalsäckel zu sehr beschwert, fürchtet man von den hier bezeichneten Anstalten Nachtheile für die Moralität, so möge man das „Namenlose" streichen, und nach den ermittelten Mitteln der Genannten entsprechende Beiträge einziehen.

Zusammenfassend könnten also als Einrichtungen für die prophylactische Armenkrankenpflege angesehen werden:

Kleinkinder-Bewahranstalten;

Spielschulen;

Aufsicht auf die Wohnungen der Armen hinsichtlich ihrer Schädlichkeit, event. Verringerung oder Beseitigung solcher schädlichen Wohnungen;

Beschaffung öffentlicher Bäder, so kalter wie warmer, in Verbindung mit Waschanstalten;

Aufsicht auf die Verwendung jugendlicher Individuen in Fabriken;

Aufsicht auf die verwaiste Jugend über die ersten 14 Jahre hinaus, mit Verbesserung des Vormundschaftswesens, und

Errichtung von Findelhäusern der angedeuteten Art, in Verbindung mit geeigneten Anstalten für Aufnahme und Wartung von Säuglingen während der Tageszeit.

Nächst der Prophylaxis in der Armenkrankenpflege steht derjenige Theil der Armenkrankenpflege, welcher sich hauptsächlich auf die Pflege Erkrankter bezieht. Wie jene dem eigentlichen kurativen Verfahren vorarbeitet, so unterstützt dieses dasselbe direct. Ihr Mangel vereitelt nicht selten die Erfolge der besten Behandlung.

Wer mit Menschen aus den niederen Schichten zu verkehren, in ärztlicher Beziehung zu verkehren hat, weiss, wie mangelhaft die eigentliche Pflege der Kranken ausgeübt wird. Nicht allein dass die Verhältnisse dieser Personen ein grosses Hinderniss für die Pflege abgeben, so treten Unverstand, vorgefasste Meinungen, Gewohnheiten, und besonders gegenüber Kindern die elterliche Affenliebe hemmend jeder vernünftigen Behandlung entgegen. Dieselben Eltern, welche oft um geringfügige Dinge ihre Kinder grausam misshandeln, was sie strafen nennen, was aber misshandeln ist, weil es fast immer nur in leidenschaftlicher Aufregung geschieht, zeigen sich zu weichherzig, wenn es gilt, das kranke Kind einer demselben nicht zusagenden Behandlung zu unterwerfen, sind nachlässig bis zum Excess in der Befolgung der ärztlichen Verordnungen.

So lange Kranke aus diesen Schichten der Bevölkerung sich in ihren oder ihrer Eltern Wohnungen befinden, haben die Communen wenige oder gar keine Mittel, auf die Pflege derselben einzuwirken, und müssen erleben, dass sowohl das Arztlohn als die Arzneikosten weggeworfen sind, weil die Arzneien selber geradezu weggeworfen werden. Niemand ist so verschwenderisch wie die Armen, die das nichts achten, was sie nichts kostet, und worauf dennoch Anspruch zu machen langjährige Gewohnheit sie gelehrt hat. Um diesem einen Uebelstande entgegen zu arbeiten, hat man in manchen Orten die Bestimmung getroffen, dass die aus öffentlichen Mitteln behandelten Kranken die erste Arznei selber bezahlen müssen. Dass dies Verfahren zwar in gewisser Beziehung ein illusorisches ist, liegt auf der Hand, indem den betreffenden Personen, im Falle des Bedürfnisses, doch anderweit in baarem Gelde als Unterstützung das wird wiedergegeben werden müssen, was sie selber für Arzneien verausgabten. Indessen würde dieser Umstand dennoch nicht hinreichen, um dasselbe zu verwerfen, da in demselben immerhin eine Aufforderung für den Kranken liegt, das zu benutzen, wofür er von seinen spärlichen Mitteln etwas hergeben musste.

Dennoch muss man bei den bestehenden Verhältnissen Bedenken tragen, sich einem solchen Verfahren anzuschliessen, da es notorisch so Bedürftige giebt, dass die absolute Unmöglichkeit vorliegt, die erste Arznei, selbst die wohlfeilste, aus eigenen Mitteln anzuschaffen.

Nur wenn der Grundsatz angenommen und durchgeführt werden könnte, dass alle die Armenkranken, für welche die erste Arznei nicht aus eigenen oder der Angehörigen Mitteln bestritten werden kann, in eine öffentliche Krankenanstalt zu befördern seien, könnte das beregte Verfahren mit einiger Hoffnung auf Erfolg empfohlen werden.

Hierbei entsteht die Frage, ob es denn überhaupt wünschenswerth, ob es gerechtfertigt werden kann, solchen Grundsatz von den Communen angenommen zu sehen.

Die moderne Philanthropie wird sich gegen die Annahme eines solchen Grundsatzes erklären; sie wird es hart und selbst grausam, vielleicht unchristlich erklären: Ehegatten von einander, Kinder von ihren Eltern zu trennen. Indessen ist diese Ansicht eben auch nur ein Erzeugniss der modernen inhumanen Philanthropie, welche in der That mehr den Schein als die Sache verfolgt. Dies tritt um so schärfer hervor, wenn man von denselben Philanthropen als einen weiteren Grund gegen den in Rede stehenden Grundsatz anführen hört, dass eine Behandlung der Kranken in ihren Wohnungen weniger kostspielig sei, als in Krankenanstalten.

Beide Gesichtspunkte dürften sich praktisch nicht stichhaltig zeigen.

Es ist gewiss weniger hart u. s. w.: Eheleute von einander und Kinder von ihren Eltern zu trennen, um sie in einer öffentlichen Heilanstalt, unter sorgsamer Pflege, der Genesung zuzuführen, als sie ungetrennt in ihren Wohnungen verkommen oder einem dauernden Siechthume verfallen zu lassen.

Es ist gewiss weder human noch ökonomisch, eine Versetzung in eine öffentliche Heilanstalt aus Besorgniss vor den grösseren Kosten zu vermeiden, da das längere Kranken aus mangelhafter Pflege, und ein hierdurch mit bedingtes andauerndes Siechthum unzweifelhaft grössere Mittel verschlingt, als die Behandlung in den öffentlichen Krankenanstalten kostet. Stellt man schlechthin den blossen Betrag an Arztlohn und Arzneikosten einer Behandlung im Hause gegenüber den Kosten in einer Krankenanstalt, so fällt das Resultat freilich zum Nachtheile der letzteren aus. Indessen dürfte hierbei übersehen sein dasjenige, was während und nach der Kur, oft in Folge letzterer wegen mangelhafter Pflege oder wegen Vernachlässigung der ärztlichen Verordnungen, an Unterstützungen und Almosen gereicht werden muss. Würde man dies auf das Conto der häuslichen Behandlung setzen, so möchte sich leicht ein anderes, entgegengesetztes Resultat ergeben.

Anlangend die Berechtigung einer Commune zu einem Grundsatze, wie der hier besprochene, so scheint dieselbe unzweifelhaft. Je freier die Institutionen einer Commune, eines Staates sind, desto strenger müssen die Bestimmungen sein für solche Personen, welche diesen Institutionen entweder nicht nachleben wollen oder nicht nachleben können. Einer dieser beiden Fälle wird sich immer vorliegend zeigen, wenn die erste Arznei nicht von den Betreffenden beschafft werden kann oder will.

Wenn indessen auch die Annahme dieses Grundsatzes der Verschwendung der Arzneien in etwas zu steuern vermöchte, so würde sie doch nicht für die Erreichung einer weiteren sorgsamen Pflege der Kranken wirksam sein können. Geprüfte und zuverlässige Wärter den Armenkranken aus öffentlichen Mitteln zu gewähren, ist bei der Kostspieligkeit derselben ein Unerreichbares. Nur Privatvereine könnten hier helfend eintreten, und hier muss man bedauern, dass in protestantischen Ländern nicht besteht, was sich in römisch-katholischen findet. Ein Institut wie die Soeurs grises in Frankreich, welchen zuzutreten selbst junge Mädchen aus guten Familien kein Bedenken haben, fehlt uns ganz. Auch ist wenig Aussicht vorhanden, einem solchen Institute in protestantischen Ländern Eingang zu verschaffen.

Daher können die Communen für das Bedürfniss geregelter Pflege nur dann wirken, wenn sich die Kranken ganz in die Hand der Commune legen, also in öffentlichen Krankenanstalten.

Dies führt nun ungezwungen zu dem Theile der Armenkrankenpflege, welcher als der eigentlich ärztliche, der curative, bezeichnet ward.

Oeffentliche Krankenanstalten stehen also an der Spitze derjenigen Einrichtungen, welche aus dem Gesichtspunkte der curativen Armenkrankenpflege von den Communen zu verlangen sind, und bei ihnen wird dieser Theil der Armenpflege auch der Arzneikunst Rechnung tragen können und tragen müssen.

Es fragt sich nun, ob es angemessener sei, wenige grosse oder mehrere kleine Krankenanstalten zu haben? ob es gerathen sei, die in denselben beschäftigten Medicinalpersonen so zu stellen, dass sie bloss und ausschliesslich diesen Anstalten ihre Thätigkeit und ihre Kräfte widmen können, oder ob man es vorziehen solle, sie mit einem grossen oder selbst grössesten Theile ihres Einkommens auf die nebenher zu betreibende Privatpraxis anzuweisen?

Grosse Krankenanstalten bieten ohne Frage den erheblichen Vortheil, dass sie wohlfeiler sind. Die Generalia bleiben dieselben, oder steigern sich doch nicht in demselben Maasse, wie der Umfang der Anstalt, und gestatten hierdurch nicht unbeträchtliche Ersparnisse gegen kleinere Lazarethe. Indessen lässt sich nicht leugnen, dass die Verwaltung grosser Krankenanstalten, sowohl in ökonomischer als auch in medicinischer Hinsicht, nicht die Leichtigkeit der Beachtung aller Einzelnheiten gewährt, wie sie in kleineren Anstalten möglich ist. Der dirigirende Arzt, der doch am Ende auch den ökonomischen Theil der Verwaltung nicht aus dem Auge verlieren darf, sondern vielmehr ihn scharf mit überwachen muss, kann unzweifelhaft leichter eine Anstalt von etwa 300 Betten als von 1000 übersehen, und die Bedürfnisse der einzelnen Kranken und deren Befriedigung verfolgen.

Daher dürfte die Wage sich zu Gunsten kleinerer Heilanstalten senken.

Die besonderen Verhältnisse einer Commune werden aber nicht wenig dazu beitragen, das Errichten und Erhalten von mehreren kleineren Anstalten zu erleichtern.

Die im Allgemeinen nicht den Studirenden der Medicin allein, sondern selbst den jüngeren Aerzten so sparsam gebotene und doch von beiden so sehr gewünschte, sowie ihnen auch so wünschenswerthe Gelegenheit, sich eine längere Zeit unter Leitung und Verantwortlichkeit älterer Aerzte praktisch zu üben, gewährt denjenigen Orten, in welchen sich Personen der genannten beiden Kategorien zahlreich aufhalten, die Möglichkeit, ihre Krankenanstalten hinreichend mit ärztlichem Personale zu versehen, ohne unverhältnissmässig Mittel darauf zu verwenden.

Wenn man, wie es überall wünschenswerth erscheinen muss, den Haupt- oder dirigirenden Aerzten von Lazarethen die Ausübung von Privatpraxis nicht gestattet, so wird man dennoch geeignete Individuen erhalten können, wenn man ihnen gestattet, die ihnen anvertrauten Krankenanstalten zu klinischen Zwecken zu benutzen. Es ist nicht zu bezweifeln, dass bei einer solchen Einrichtung das Gehalt für die dirigirenden Aerzte sich in den Grenzen des Erschwinglichen halten, Gehälter für die jüngeren, die Assistenzärzte, aber ganz wegfallen können. Mit der Beseitigung dieser finanziellen Schwierigkeit treten aber die Vortheile mehrerer, kleinerer Krankenanstalten in dem Grade schärfer hervor, als die betreffenden Communen eine grössere räumliche Ausdehnung gewinnen, indem sie die weiten Transporte der Kranken augenfällig beschränken.

Wird überdies von den Communen, und zum Theil mit Recht, geklagt, dass die den Armen zu gewährenden Arzneien, in der bisherigen Weise verabreicht, die Mittel zu sehr in Anspruch nehmen, so würde diesem Uebelstande durch mehrere über den Ort vertheilte öffentliche Krankenanstalten begegnet werden können. Man hat, um Ersparungen im Arzneiverbrauche zu erreichen, vorgeschlagen, sogenannte Dispensiranstalten auf Kosten der Commune zu errichten, und die Armen mit ihrem Arzneibedarf an dieselben zu verweisen. Die Schwierigkeit der Controlle solcher Dispensiranstalten, das Gehässige, was dieselben in den Augen der Armen haben, und die verhältnissmässig geringe Ersparung, welche sie gewähren, wenn sie selbstständig, ohne Zusammenhang mit anderen dem Heilzwecke gewidmeten Anstalten bestehen sollen, hat ihre Einrichtung indessen immer unrathsam erscheinen lassen. Diese Uebelstände fallen weg, oder verringern sich wenigstens, wenn die für kleinere Krankenanstalten doch immer nöthigen Hausapotheken angewiesen sind, den Arzneibedarf für die Armenkranken auch ausserhalb des Krankenhauses zu beschaffen. Ihre Aufsicht ist gegeben durch den dirigirenden Arzt der Anstalt; ihre Gehässigkeit schwindet in den Augen der Kranken, weil es selbst diese begreifen, dass es ein ganz natürliches Verhältniss ist, sie mit ihrem Arzneibedarf an die respectiven doch einmal bestehenden Communalanstalten zu verweisen; und die Ersparniss wird ermöglicht, indem hier das Eine in das Andere helfend eingreift. Auch haben Communal-Dispensiranstalten nur da eine Kostenermässigung für die Armenarzneien nachgewiesen, wo sie sich an Communal-Krankenhäuser anlehnten. Selbst die Apotheker dürften unter solchen Verhältnissen weniger dagegen einwenden können, wenn die Armen mit ihrem Arzneibedarfe an die Apotheken in den öffentlichen Krankenanstalten verwiesen würden.

Ausserdem darf man es für eine Pflicht grösserer Communen ansehen, dass sie der Wissenschaft und Kunst, deren sie für ihre Armenkrankenpflege bedürfen, ebenfalls einen angemessenen Vorschub leisten. Soll dies aber geschehen, so kann es nur in Krankenanstalten geschehen, da die Resultate der Privatpraxis unverhältnissmässig weniger fördernd für die Wissenschaft sind, als die der Hospitalpraxis. Je mehr Beobachtungen aber einem Individuum zugänglich, benutzbar und verdaubar gemacht werden, desto grössere Resultate für die Wissenschaft lassen sich erwarten. Dies scheint nun freilich für grössere Anstalten zu sprechen; aber es scheint auch eben nur so. Bei den bestehenden Einrichtungen fallen den dirigirenden Aerzten immer so viele administrative Geschäfte zu, dass sie, je grösser die Krankenanstalten, um so mehr von der eigentlichen Beobachtung und Behandlung der Kranken abgezogen werden. Soll also den dirigirenden Aerzten Zeit und Gelegenheit bleiben, sich specieller mit den Kranken, mit den Krankheiten zu beschäftigen, so muss die Masse der administrativen Geschäfte verringert werden, und dies kann nur dadurch erreicht werden, dass die Anstalten, denen sie vorstehen, von geringerem Umfange sind.

Wenn man nicht in Abrede stellen will, dass ein grosser Theil der Ungewissheiten, welche in der ganzen Medicin sich finden, darin seinen Grund hat, dass verschiedene Beobachter aus verschiedenen Gesichtspunkten die Krankheiten auffassten und demgemäss behandelten, dass hierbei die Verschiedenheit der besonderen Verhältnisse, unter denen die Krankheit auftrat und verlief, gänzlich incomparabel ward; so muss man wünschen, dass den einzelnen Aerzten Gelegenheit werde, dieselben Krankheiten in ihrem verschiedenen Auftreten zu beobachten, zu behandeln. Man muss aus demselben Grunde wünschen, dass verschiedene Krankheiten aus ein und demselben Gesichtspunkte aufgefasst, behandelt und in ihrem Verlaufe beobachtet werden, das heisst, dass sie mit ein und demselben Auge angesehen, von ein und derselben Person beurtheilt werden.

Diese Forderung, welche wiederum für kleinere Anstalten spricht, führt zugleich zu der andern Frage: ob die dirigirenden Aerzte von der Privatpraxis auszuschliessen seien? Erklärt man sich mit jenem Postulate einverstanden, so wird man die eben gestellte Frage bejahen müssen. Menschliche Dinge sollen nur menschlich, das heisst mit Berücksichtigung selbst der menschlichen Schwächen betrachtet werden.

Es liegt in der Natur der Sache, dass sich dem dirigirenden Arzte eines Krankenhauses auch das Vertrauen des grösseren Publicums zuwendet. Wem so viele Kranke durch die Hände gehen, dem darf man eine grössere Erfahrung zutrauen, und von dem kann man mithin auch mehr erwarten, dass er die einzelnen Krankheiten richtiger beurtheilen und behandeln werde. Hieraus folgt, dass ein dirigirender Arzt einer Krankenanstalt auch leicht ein gesuchter Arzt werden wird. Es liegt aber wiederum in der Natur der Sache, dass der Mensch weiter strebt. Und wenn man auch hierbei nicht besonders das Streben nach äusserem Gewinn in den Vordergrund stellen will, so wird man ein Streben, sich noch anderweit nützlich zu machen, seine Kenntnisse noch auf anderen Gebieten zu erweitern, weder wegleugnen noch tadeln können. Das Eine aber wie das Andere, das Streben nach äusserem Gewinn, sowie das nach innerer Bereicherung, wird den dirigirenden Arzt in die Lage bringen, dass die Privatpraxis ihm das nimmt, was der geringere Umfang der Krankenanstalt selber ihm bot. Er wird für diese thun, was er ohne Verletzung seiner Pflichten nicht versäumen darf, und seine übrige Zeit der Privatpraxis widmen. Unbestreitbar aber dürfte es sein, dass der Arzt, der durch äusserliche Grenzen genöthigt ist, seine ganze Kraft auf einen Punkt zu concentriren, dort mehr leisten wird, als wenn er seine Kräfte zersplittern darf. Es bietet aber die Beobachtung der Krankheiten ein so grosses Feld dar, ein Feld, welches über die Grenzen der eigentlichen Medicin hinaus in die verschiedenen Naturwissenschaften hineingreift, dass selbst die Zahl von 300 Kranken zu hoch erscheinen könnte, wenn unter denselben nicht viele von sehr untergeordneter Wichtigkeit sich fänden.

Es wird aber Sache der Commune sein, die dirigirenden Aerzte so zu stellen, dass sie ein bequemes Auskommen haben und nicht durch Mangel zur Privatpraxis gedrängt werden. Ausserdem aber lässt sich hoffen, dass die Resultate, welche eine gewisse Abgeschiedenheit dem immerhin als strebsam angenommenen dirigirenden Arzte gewissermassen aufdrängt, demselben Gelegenheit geben werden, ebensowohl seiner Kunst und seinen Kunstgenossen, als auch seinem eigenen Vortheile zu dienen.

Eine Frage kann nun noch darüber entstehen, ob es angemessener sei, für einzelne Krankheitsformen besondere Anstalten zu haben, oder die verschiedenen in einem Krankenhause zu vereinen. Für manche Krankheiten werden besondere Krankenanstalten bestehen müssen, so für die Pocken, für die sogenannte asiatische Cholera; für letztere wenigstens so lange, als die Frage über ihre miasmatische Natur nicht entschieden bejahend beantwortet ist. Bei den übrigen Krankheiten dürften sich die Vortheile der verschiedenen Organisation der Heilanstalten einander die Wage halten. Was bei besonderen Krankenanstalten für besondere Krankheiten dadurch gewonnen wird, dass dem einzelnen Arzte ein grösseres Feld zu Erfahrungen über die Krankheiten, denen seine Anstalt gerade gewidmet ist, geboten wird, das hebt sich auf durch die Vielseitigkeit der Erfahrungen, welche in gemischten Krankenhäusern gewährt wird. Und da verschiedene Krankheiten nicht allein mit einander verbunden vorkommen können, sondern wirklich verbunden vorkommen, so dürfte eine Sonderung der Anstalten nach den Krankheiten nicht eben das Vorzüglichere sein.

Indessen wird sich dennoch für grössere Communen das Bedürfniss herausstellen, neben den schon genannten besonderen Heilanstalten auch noch Anstalten zu besitzen für Unheilbare, für Irre und für Kinder. Die beiden ersteren liessen sich allenfalls mit einander, und die letzte füglich mit Findelhäusern verbinden. Bei alle dem wird eine grosse Zahl von Kranken übrig bleiben, welche der Krankenhausbehandlung nicht bedürfen, oder ihr aus mannichfachen Veranlassungen nicht unterworfen werden können. Dass für diese auch gesorgt werden müsse, ist unzweifelhaft. Ueber das Wie? herrschen aber sehr abweichende Ansichten.

Die Momente, welche bei der häuslichen Behandlung der kranken Armen Berücksichtigung erheischen, dürften sich auf folgende drei zurückführen lassen: das Wohl der Kranken, die Aufrechterhaltung der Achtung vor dem ärztlichen Stande, und die finanzielle Lage der Commune.

Zunächst kann die Frage aufgeworfen werden, ob die Communen dahin streben sollen, den hier in Rede stehenden Theil der Armenkrankenpflege durch unbesoldete, unbezahlte Personen versehen zu lassen, oder ob es angemessener erachtet werden müsse, besoldete Aerzte zu haben?

Ob die Communen das Recht haben, von den in ihrer Mitte lebenden Aerzten eine unentgeltliche Armenkrankenpflege zu verlangen, ist zweifelhaft. Die frühere Gemeindeordnung, die Städteordnung, verpflichtete Niemanden, der nicht mit Grundbesitz angesessen war, oder ein Gewerbe betrieb, zu der Abgabe, welche unter der Benennung des Bürgerrechtsgeldes bekannt ist; ja es war sogar zweifelhaft, ob andere Personen, als solche, welche einer der beiden genannten Kategorien angehörten, das Bürgerrecht gewinnen konnten. So sind Aerzte, die von Hause aus nicht Angehörige der Königlich Preussischen Lande waren, in dieselben eingetreten, um ihre Kunst in denselben zu treiben, ohne irgendwie dem Staate oder der betreffenden Commune für ihre Niederlassung eine Abgabe zu entrichten. Sie wurden theilhaftig aller der Vortheile, welche die Landesgesetze den Eingeborenen gewährten, ohne alles Entgelt. Durch das Gesetz der Freizügigkeit war es jedem eingeborenen Arzte möglich, sich die Commune zu wählen, welche er zum Schauplatze seiner Wirksamkeit, seines Erwerbes machen wollte. Vom Gesetze nicht als Gewerbtreibende bezeichnet, genossen sie die Vortheile der Communen, ohne die Lasten tragen zu müssen, welche anderen für ihren eigenen Unterhalt irgend ein Geschäft Treibenden auferlegt waren. Hiernach erscheint es unzweifelhaft, dass es in der Billigkeit gelegen haben würde, wenn die Communen von den Aerzten für die Möglichkeit, sich Eigenthum zu erwerben — und für ein Mehreres hatten doch auch die eigentlich Gewerbtreibenden das Bürgerrecht nicht zu erwerben, da ihnen von den Communen in keiner Weise der Erfolg ihrer Bestrebungen verbürgt ward und verbürgt werden konnte — die Uebernahme unentgeltlicher Behandlung der Armen verlangt hätten. Die neue Gemeindeordnung ändert das Verhältniss in Etwas, und jetzt dürfte dieser Billigkeitsgrund nicht mehr geltend gemacht werden können. Aber auch selbst dann, wenn nicht die Billigkeit, sondern ein positives Gesetz den Communen zur Seite stände, wenn sie von den vorhandenen Aerzten unentgeltliche Behandlung der Armen verlangen wollten, so dürfte es doch kaum gerathen erscheinen, ein solches Verlangen wirklich zu stellen. Wenn nicht in allen, so würde doch in den meisten Fällen diese Leistung als ein lästiges Onus betrachtet werden, und mancher Arzt dürfte sich begnügen, dies Opus operatum abzumachen, wie es eben seiner Bequemlichkeit und Neigung zusagte. Kein Gesetz ist im Stande, hier scharfe Grenzen aufzustellen und deren Innehaltung zu erzwingen. Ueberdies kann man wohl sagen, dass es weder dem Staate noch einer Commune anständig sei, dauernde Dienste unentgeltlich anzunehmen von Einzelnen.

Soll also die Besorgung der häuslichen Armenkrankenpflege nicht durch unbezahlte Personen geschehen, so muss das Gegentheil Platz greifen. Und hierbei entsteht wieder die Frage, ob man aus der Bezahlung für die geleisteten Dienste ein amtliches Verhältniss hervorgehen lassen solle oder nicht. Und wenn man sich für das erstere entscheidet, wenn man die mit der Armenkrankenpflege beschäftigten Medicinalpersonen in einen gewissen festen Sold nehmen, und sie so zu einer Art von Beamten der Commune machen will, so fragt sich weiter, ob es angemessen sei, dieselben dauernd oder auf Kündigung anzustellen.

Es scheint kaum zweifelhaft, dass eine dauernde Anstellung dem Dienste selber vortheilhafter sei. Nur wer die Gewissheit hat, in einer Stellung ungestört verbleiben zu können, wird sich ihr ganz hingeben mögen und können. Der Gedanke, dass so für die sicher kommende Zeit eigener Schwäche und Arbeitsunfähigkeit auch noch ein Anhalt für ihn bleiben, dass im Falle seines Todes für seine Hinterbliebenen angemessen gesorgt werden werde; dass nicht Zufälligkeiten, individuelles oft unbegründetes Uebelwollen ihm seine Subsistenzmittel verkümmern könne, wird für den fest angestellten Beamten ein Sporn sein, sich seines Amtes würdig zu erhalten, und nicht durch seine Haltung ein wohlbegründetes Disciplinarverfahren, und mit demselben eine Entlassung herbeizuführen.

Soll aber der dauernd angestellte Beamte Werth legen auf seine Stellung, so muss sie angemessen dotirt, und das Gehalt nicht der Art sein, dass der Betreffende bei demselben weder satt werden, noch verhungern kann. Gehalte dieser Art sind aber darum verwerflich, weil sie die Pflichten, für welche sie gezahlt werden, nothwendig zu Nebenpflichten machen, die gerade nur so weit erfüllt werden, dass ein begründetes Entlassungsverfahren nicht eingeleitet werden kann.

Die Kosten, welche aus einer solchen Stellung der mit der Armenkrankenpflege betrauten Medicinalpersonen erwachsen dürften, könnten aber leicht die Mittel der Commune übersteigen, wenn man nicht den Weg betreten will, die ganze Armenkrankenpflege in ambulatorische Kliniken zu verwandeln. Dass dieser Weg aber überhaupt nur in solchen Orten möglich sei, wo bestehende Universitäten und Akademien den betreffenden Armenärzten die Möglichkeit eröffneten, für ihre ambulatorischen Kliniken die erforderliche Anzahl geeigneter und für ihr persönliches pecuniäres Interesse förderlicher Assistenten zu finden, bedarf eines Beweises nicht.

Aber auch wo sich diese Bedingungen für ambulatorische Kliniken und mit ihnen die Möglichkeit fände, für geringeren Sold, unter Hinweisung auf die Einkünfte von den die ambulatorische Klinik zu eigener Ausbildung suchenden Assistenten, geeignete Armenärzte als Communalbeamte zu finden, dürfte doch die Betretung dieses Weges nicht ohne Bedenken sein; Bedenken, ausgehend von denen, welche sogenanntes Experimentiren mit den Kranken für die Armenpflege nicht zulässig halten, und Bedenken, entspringend aus der Abneigung der Armen gegen klinische Behandlung.

Wenn nun angenommen wurde, dass besoldete Armenärzte vorzuziehen seien unbesoldeten, dass dauernde, feste Anstellung derselben angemessener sei, als eine solche auf Kündigung, dass die für die einzelnen Aerzte auszuwerfenden Gehalte eine angemessene Höhe haben müssten, um in ihrer Wirkung nicht das Gegentheil von dem Angestrebten herbeizuführen, dass die Dotirung der Armenarztstellen nur dann unter dem wahren Bedürfnisse bleiben dürfe, wenn die Armenkrankenpflege in die Form ambulatorischer Kliniken gebracht würde, dass nur unter dieser Bedingung die Kräfte der Commune zur Beschaffung der Gehalte sich ausreichend erweisen dürften, dass aber die Form ambulatorisch-klinischer Armenkrankenpflege nur unter gewissen Bedingungen überhaupt möglich, jedenfalls aber nicht frei von beachtenswerthen Bedenken sei; so bleibt die ganze Frage offen, und es wird nöthig, nach diesen Prämissen einen Weg zu suchen, welcher, mit Berücksichtigung dieser Prämissen, dem Bedürfnisse genügen könne.

Das Wohl der Kranken ist das Principalmoment. Seine Berücksichtigung führt auf die Untersuchung der Natur und Eigenthümlichkeiten der Kranken selber.

Schon früher wurde angedeutet, dass Niemand verschwenderischer ist, als der Arme, der nichts zu verlieren hat. So ist er es auch mit der ärztlichen Hülfe, sobald und soweit er dieselbe als ein ihm zustehendes Recht zu betrachten gewohnt oder berechtigt ist. Nach seiner Laune versäumt er dieselbe zu beanspruchen, nach seiner Laune verlangt er ihr sofortiges Eingreifen. Beides oft, ja in der Mehrzahl der Fälle, wohl ganz zur Unzeit. Mit grosser, oft unerträglicher Brutalität tritt er den zu seiner Hülfe verpflichteten Medicinalpersonen entgegen; mit unglaublicher Nachlässigkeit behandelt er die gegebenen ärztlichen Vorschriften; mit Verletzung jeglichen Rechtsgefühls erhebt er gegen seine verpflichteten Aerzte Beschwerden, wo er nur gegen sich selbst und sein Verhalten Beschwerde erheben sollte.

Unzweifelhaft ist es, dass keine Commune ihre armen Mitglieder hungern, in Krankheiten umkommen lassen darf. Selbst wenn das Gesetz dies nicht vorschriebe, würde Menschlichkeit dies gebieten und die Klugheit es fordern.

Erkennt aber auch die Commune die Verpflichtung an, für ihre Armen zu sorgen, gesteht sie diesen ein Recht zu, selbst im Falle eigenen Verschuldens, bei offenbarer Lasterhaftigkeit als Ursache der Armuth, Beihülfe von ihr zu verlangen, — obwohl doch noch ein Unterschied sein möchte zwischen der Verpflichtung zu helfen auf der einen, und dem Rechte, Hülfe zu fordern, auf der andern Seite — so ist doch nirgends den Armen das Recht zugestanden, die Art und Weise zu bestimmen, in welcher sie die Hülfe empfangen wollen. Wie dieselbe gewährt werden will, liegt an sich in der Hand der Commune.

Bei diesem wohl nicht zweifelhaften Rechte der Communen, die Form ihrer Unterstützungen zu bestimmen, können dieselben aber um ihrer selbst willen nicht jede beliebige Form wählen. Auch in dem Armen, in dem Schlechten die menschliche Gestalt zu ehren, ziemt wohl den Communen, den grossen wie den kleinen.

Hieraus ergiebt sich, nicht als ein Forderungsrecht der Armen, sondern als eine Leistungspflicht der Communen, den Armen alle Gaben in einer Form zugehen zu lassen, welche irgendwie mit den Interessen der Gesammtheit verträglich ist.

Als eine solche Form für die Gewährung des Beistandes in Krankheitsfällen dürfte sich die der freien Wahl der Aerzte bezeichnen lassen, soweit und sobald sich Mittel vorfänden, durch welche den Armen ärztliche Hülfe gesichert, und die Commune gegen unnöthige Mehrausgaben geschützt würde. Will man hierbei noch einen, und zwar billigen Schritt weiter gehen, und einen Schutz für die Medicinalpersonen gegen die Brutalität der Armen aufstellen, so wird man den an die Spitze dieser Betrachtung hingestellten Momenten volle Rechnung getragen haben.

Das Verfahren, den Armen die Wahl des Arztes freizugeben, ist nicht ohne Analogie in der Armenkrankenpflege. Es ist, um von Berlin beispielsweise zu reden, bekannt, dass in früheren Zeiten alle Armen gehalten waren, ihre Medicamente aus einer einzigen Apotheke zu entnehmen. Eben so bekannt sind aber auch die Uebelstände, welche diese Anordnung mit sich führte: Zeitverlust für die Armen, Vernachlässigung derselben, Zerstörung des Vertrauens in die verabfolgten Medicamente.

Eine mildere Anschauung liess daher von dieser Einrichtung abgehen, und man bezeichnete gewisse Apotheken, auf welche die sogenannten Medicinscheine ausgestellt wurden, und wies die Armen anfänglich auf bestimmte derselben an. Später ist man auch hiervon abgegangen, und hat den Armen die Wahl überlassen, jedoch mit der Einschränkung, dass sie für die Dauer der Krankheit, für welche der

Medicinschein ausgestellt war, die gewählte Apotheke nicht willkürlich ändern durften. Endlich ist man aber dahin gekommen, den Armen die Wahl der Apotheke ganz freizugeben. Ein Nachtheil für die Kasse der Commune hat sich aus dieser Einrichtung an sich nicht herausgestellt.

Um nun ein ähnliches Verfahren für die Wahl der Medicinalpersonen zu beurtheilen, ist es nöthig, mit wenigen Worten darzustellen, was in Berlin grundsätzlich geschehen soll, und was gegenwärtig thatsächlich geschieht.

Als Regel steht fest, dass jeder kranke Arme sich an den Vorsteher oder ein Mitglied der Armencommission wende, in deren Bereich er wohnt, um einen sogenannten Medicinschein zu erhalten. Mit diesem begiebt er sich zu dem Armenarzte seines Bezirks, der dann das Weitere den Umständen nach veranlasst. Ohne Medicinschein sollen die Armenärzte nur in dringenden Fällen arme Kranke annehmen, und haben diese dann nachträglich den Medicinschein zu beschaffen. Den Aerzten liegt es ob, im Interesse der Commune Simulanten zurückzuweisen, und bei ihren Verordnungen die grösstmögliche Sparsamkeit walten zu lassen; auch sollen sie den Conferenzen der Armencommissionen beiwohnen, welchen sie beigeordnet sind. Die Commune als solche hat dagegen als Grundsatz aufgestellt: die Armen nur erfahrenen Aerzten anzuvertrauen, und durch besoldete Aerzte zu verhindern, dass Arme ohne ärztliche Hülfe bleiben. Vertretung durch Assistenzärzte ist grundsätzlich nicht gestattet.

Die Erfahrung hat gelehrt, dass die wesentlichsten dieser Bestimmungen illusorisch sind, und die Natur der Verhältnisse macht sie nothwendig illusorisch. Das geringe Gehalt, welches die Armenärzte beziehen, macht es nothwendig, dass sie durch anderweite Praxis die für ihren Unterhalt nothwendigen Mittel suchen, und so kann es nicht selten kommen, und kommt auch nicht selten, dass die Armen gerade den Arzt nicht erlangen können, an welchen sie ausschliesslich gewiesen sind, während ohne diesen Zwang andere Aerzte zur Hand sein würden. Dass diesem Uebelstande auch dadurch nicht abgeholfen werden würde, wenn man die Armenärzte reichlicher besoldete, liegt auf der Hand. Niemand kann an zwei Orten zugleich sein.

Der Grundsatz, nur erfahrene Aerzte für die Armenpraxis zu gewinnen, ist längst in dem Grade durchlöchert, dass von demselben kaum mehr die Rede sein kann, auf denselben auch nur zurückgegangen wird, wenn es einmal darauf ankommt, gerade diese oder jene Persönlichkeit in die Armenpraxis einzuführen oder von ihr auszuschliessen. Auch das ist ganz natürlich, und folgt aus den Verhältnissen. Nur wenig erfahrene Aerzte werden Neigung haben, die ganze Last der Armenpraxis für das gebotene Gehalt zu übernehmen; und von manchen Aerzten, denen die Dauer ihrer praktischen Laufbahn das Prädicat „erfahren" beilegen muss, kann man versucht werden, aus ihrem Verbleiben in der Stellung eines Armenarztes gerade das Gegentheil zu folgern.

Ganz in entsprechender Weise verhält es sich mit der Gegenwart der Armenärzte bei den Monatsconferenzen der Armencommissionen, mit der Sparsamkeit beim Verordnen für die Armen.

Dazu kommen die ewigen, theils begründeten, theils unbegründeten Beschwerden der Armen über die Aerzte, und dieser über jene, mit welcher die der Armenpflege vorstehende Behörde behelligt wird, Beschwerden, aus denen in der Regel gar nichts herauskommt, auch nichts herauskommen kann, und die oft nur eine Handhabe werden, anderweit missliebige Persönlichkeiten zu beseitigen. Die Commune hat aber weder ein Interesse daran, Sinecuren zu gründen, noch daran, Schiedsrichterin zu sein in unfruchtbaren Streitigkeiten zwischen ihren Armen und deren Aerzten.

Alles Gute, was die gegenwärtige Einrichtung bietet, lässt sich aber auch erreichen, wenn die Wahl der Aerzte den Armen freigegeben wird. Und selbst wenn hierdurch die Uebelstände der jetzigen Einrichtung nicht ganz oder überhaupt nicht beseitigt werden könnten, so würde es doch als ein Fortschritt in der Humanität zu betrachten sein, wenn man den Armen gestattete, worauf jeder Andere so hohen Werth legt: sich den Arzt seines Vertrauens wählen zu dürfen.

Für die Geburtshelfer hat man schon einen Anfang gemacht. Und wie Berlin Geburtshelfer genug hat, die nicht abgeneigt sind, in geeigneten Fällen den Armen beizuspringen ohne Entgelt, so wird es gewiss nicht arm sein an Aerzten, welche dasselbe für Krankheitsfälle zu thun geneigt sind, zumal wenn die Commune diese Dienste nicht ohne Entgelt verlangt oder annimmt.

Der Geschäftsgang bleibt fast unberührt durch die freie Wahl der Aerzte Seitens der Armen.

Der Arme hat sich in Erkrankungsfällen hier wie dort an den Vorsteher oder ein Mitglied seiner Armencommission zu wenden, um einen Medicinschein zu erhalten. Hier wie dort gestatten nur dringende Fälle eine Ausnahme von dieser Regel. Der Unterschied ist nur der, dass in dem Medicinscheine der Name des Arztes entweder gar nicht, oder nach Angabe des Kranken ausgefüllt wird. Ersteres scheint vorzuziehen, um Weiterungen zu vermeiden, falls der ursprünglich gewünschte Arzt nicht zu erlangen wäre. Mit diesem Scheine, der entweder gleich auf die Dauer eines Monats ausgestellt wird, oder dessen Prolongationen sich nicht über die Dauer eines Monats hinausschieben lassen, und an dessen Stelle nach Ablauf eines Monats erforderlichen Falles ein neuer tritt, begiebt sich der Arme zu dem Arzt, zu welchem er besonderes Vertrauen hat. An dem Medicinscheine befindet sich ein Coupon, beide tragen dieselbe Nummer und Bezeichnung der Armencommission, von der sie ausgestellt sind, um die Controlle zu handhaben. Wird von dem gewünschten Arzte die Behandlung angenommen, so setzt derselbe auf den Schein wie auf den Coupon seinen Namen, und giebt den Coupon dem Armen zurück, um auf Grund desselben in den Apotheken freie Arznei zu erhalten. So ist das Interesse des Kranken gewahrt, und der betreffende Apotheker hat zugleich die Unterschrift des Arztes zur Vergleichung mit der, welche die Verordnungen tragen.

Jeder Schein sammt seinen Prolongationen hat einen bestimmten Werth, welcher zu ermitteln ist aus einer Fractionsrechnung, als deren Grundlage die Durchschnittszahl der in einem Jahre zur Behandlung gekommenen Armen und das Mittel der für ärztliches Honorar in einem gleichen Zeitraume aufgewendeten Kosten, beide aus einem Zeitraume von etwa 5 Jahren gezogen, dienen. Aus beiden Factoren ergiebt sich nämlich, was der Commune jeder Kranke durchschnittlich an Arztlohn kostet; und dieser Durchschnittspreis ist es eben, welcher den Werth des Medicinscheines bestimmt. Es zahlt also die Commune weder nach Besuchen, noch nach Recepten, sondern lediglich nach Kranken, und es bleibt dabei ganz gleichgültig, ob der betreffende Arzt seinen Kranken in 24 Stunden oder in einem Monate herstellt. Für den Fall, dass ein Arzt sich veranlasst sehen sollte, sich von einer angefangenen Behandlung zurückzuziehen, hat er den Medicinschein unentgeltlich dem Kranken mit dem nöthigen Vermerke zurückzugeben. Für den Fall aber, dass ein Kranker aus der Behandlung des gewählten Arztes zu treten und in die eines andern überzugehen wünscht, bleibt es lediglich dem Armen überlassen, sich von seinem ersten Arzte den Medicinschein zurück zu verschaffen. So ist das Interesse der Commune gewahrt, die nie einem Kranken im Laufe eines Monats mehr als einen Medicinschein, respective die Prolongationen eines ausgehändigten für die Dauer eines Monats, ausliefert, und nie einen Medicinschein mit Einschluss seiner Prolongationen für ein Höheres einlöst, als von Anfang an bestimmt war.

So ist aber auch das Interesse des ärztlichen Standes gewahrt, indem der Arme zwar weiss, dass ihm aus der Annahme eines Arztes keine Kosten erwachsen, zugleich aber es von seinem eigenen Betragen gegen den Arzt abhängig werden sieht, ob er gerade der Behandlung dessen, den er wünscht, sich zu erfreuen haben werde. Der Arme wird genöthigt und gewöhnt werden, sich seinen Aerzten gegenüber schicklich zu benehmen.

So ist endlich auch wiederum das Interesse des Armen gewahrt, indem er höchstens einen Theil eines Monats in die Lage kommen kann, sich der Behandlung eines Arztes zu unterwerfen, zu dem er ein Vertrauen nicht mehr hat, und die Aerzte, welche aus was immer für Gründen Armenpraxis suchen, werden genöthigt sein, ihre Kranken sorgfältig und human zu behandeln.

Endlich muss es der Ortsobrigkeit, respective der die Armenverhältnisse leitenden Behörde zustehen, solche in der Armenpraxis beschäftigten Aerzte, welche das Interesse der Commune unberücksichtigt lassen, durch geeignete öffentliche Bekanntmachungen von der Armenpraxis auszuschliessen. Dass dies genügen werde, die Interessen der Commune zu schützen, erscheint nicht zweifelhaft. Die Controlle ist nicht schwierig, die Ausführung möglich, und das Statuiren einiger Exempel wird jedem Missbrauch wirksam entgegentreten.

Dass auch diese Einrichtung Einwände zulässt, ist unzweifelhaft. Vollkommenes giebt es überhaupt unter der Sonne nicht. Eine Beleuchtung der Einwände wird indessen sowohl zu ihrer Würdigung, als auch zu der dieser Einrichtung selber führen.

Es lassen sich gegen eine Einrichtung, wie die hier vorgeschlagene, etwa folgende Bedenken erheben; auch sind dieselben schon anderweit erhoben worden.

1) Es sei fraglich, ob sich alle oder auch nur die Mehrzahl der Aerzte betheiligen würden; wahrscheinlich würden die älteren und gesuchtesten sich entweder gar nicht oder nur durch Assistenzärzte betheiligen.

2) Die jüngeren und unerfahreneren Aerzte würden sich zur Armenpraxis drängen, um sich Gelegenheit zu Erfahrungen zu verschaffen, und theilweise auch wegen anderer nahe liegender Gründe. Ebenso würde dies der Fall sein bei denjenigen Aerzten, welche sich nicht das zu einer ergiebigen Privatpraxis erforderliche Vertrauen des Publicums zu erwerben wissen.

3) Die Armen würden von einem Arzte zum andern laufen, und diejenigen Aerzte die gesuchtesten sein, welche am bereitwilligsten wären, den so häufig ganz unbegründeten Anforderungen der Armen zu entsprechen. Eine ungeheure Vermehrung der so schon bedeutenden Arzneikosten würde die Folge hiervon sein.

4) Die schon gegenwärtig schwierige Controlle der Aerzte würde noch mehr erschwert, ganz unmöglich gemacht werden.

5) Wenn dem Kranken die Wahl des Arztes freigegeben werde, so müssten die Aerzte verpflichtet werden können, die Behandlung selbst unbequemer Patienten zu übernehmen. Dies sei nicht zulässig, und daher würden solche Arme vergeblich nach Aerzten suchen. Auch bleibe es unbestimmt, wem ein Armer zu überweisen, dem die Wahl des Arztes gleichgültig.

6) Es würde der Zudrang junger Aerzte vermehrt werden, und diese sich eine Praxis unter den Armen dadurch bilden, dass sie Zustände, die durch Hausmittel zu beseitigen wären, nach den Anforderungen der Armen behandelten, oder überhaupt zu Gegenständen ärztlicher Behandlung erhöben.

7) Das Amt eines Armenarztes könne nur erspriesslich verwaltet werden, wenn eine längere, ausgedehntere und sich concentrirende Armenpraxis durch die auf diesem Gebiete zu machenden Erfahrungen dazu befähige. Nicht Jeder besitze die zu diesem Amte erforderlichen Specialkenntnisse.

8) Stehe es den Aerzten frei, die Uebernahme einer Behandlung abzulehnen, so sei überhaupt kein ausreichender Grund zur Ablehnung der Behandlung vorhanden, auch werde ein Ablehnen dem betreffenden Arzt den Verdacht der Inhumanität zuziehen. Die beschäftigten und ausgezeichneten Aerzte würden nur interessante Fälle übernehmen, die gewöhnlichen aber ablehnen, wodurch die Mehrzahl der Kranken den jüngeren, unerfahreneren Aerzten in die Hände fallen würde.

9) Simulirende Personen würden so lange von einem Arzte zum andern laufen, bis sie Einen fänden, der sich täuschen liesse; dies könne bei den Bezirksärzten, die ihre Leute schon kennten, nicht so leicht vorfallen.

10) Die Abrechnung mit so vielen Aerzten sei zu schwierig, ebenso sei es nicht thunlich, so viele zu instruiren, nach welchen allgemeinen Grundsätzen sie mit ihren Unterstützungen zu verfahren haben.

11) Es würden sich für das geringe Sostrum, welches sich aus Berechnungen für den einzelnen Kranken ergebe, schwerlich Aerzte finden.

12) Die den Aerzten zugestandene Befugniss, auch ihrerseits Behandlungen ablehnen zu können, mache die ganze Einrichtung zu einer illusorischen.

13) Es stehe nicht fest, von welchem Arzte man die etwa erforderlichen ärztlichen Gutachten über Kranke einfordern solle.

14) Es sei für die Commune wichtig, dass die bei den Armen beschäftigten Aerzte eine genaue Kenntniss der ganzen Armenverwaltung haben; diese könne nur durch Betheiligung bei den Conferenzen der Armencommissionen erworben werden. Eine solche Betheiligung sei bei der vorgeschlagenen Einrichtung nicht möglich, da man nicht wisse, welchen oder welche Aerzte man zu den Conferenzen hinzuziehen solle.

Im Allgemeinen lässt sich nun sagen, dass ähnliche Bedenken erhoben worden sind, als die Aufhebung des Apothekenmonopols für die Armenkrankenpflege zur Frage stand. Dennoch ist dasselbe aufgehoben worden, und man kann nicht behaupten, dass dies zum Nachtheil der Armen oder der Commune ausgefallen sei.

Näher eingehend auf diese Einwürfe, so ergiebt sich, dass ein Theil derselben auf einer schiefen Auffassung beruht, ein anderer Theil sich selber widerspricht und aufhebt, und wieder ein anderer Theil Verhältnisse als Uebelstände angesehen wissen will, welche in der That gerade das Gegentheil davon sind.

Dass die Einwände ad 1 und 2 einander geradezu widersprechen und aufheben, liegt auf der platten Hand. Wenn (ad 2) angenommen, ja sogar als eine Befürchtung hingestellt wird, dass die jüngeren und unerfahreneren Aerzte sich zur Armenpraxis drängen würden, so begreift man nicht wohl, wie man gleichzeitig (ad 1) die Befürchtung, wenigstens den Zweifel, aussprechen kann, dass es den Armen an Aerzten fehlen werde. Ganz in derselben Lage zu einander sowohl, als zu den beiden Einwänden ad 1 und 2, befinden sich die Einwände ad 5, 6, 11, 12. Sein und Nichtsein zu gleicher Zeit ist unmöglich. Zweifelhaft erscheint es aber um so weniger, dass den Armen Aerzte nicht fehlen werden, da noch niemals die Klage aufgetaucht ist, dass es den Armen an Geburtshelfern fehle, und doch ist bei diesen den Armen die Wahl freigegeben, wenn auch aus rein ökonomischen Rücksichten nur unter den Geburtshelfern, die sich zu unentgeltlicher Entbindung erboten haben. Dies unentgeltlich berührt aber das Prinzip nicht.

Die Besorgniss ad 3, dass die Armen von einem Arzte zum andern laufen und so der Commune eine Steigerung der Kosten verursachen würden, und die ad 10, dass die Abrechnung mit vielen Aerzten zu grosse Schwierigkeiten darbieten werde, können nur aus einer mangelhaften Auffassung entspringen. Die Bedingung, dass die Armen, welche ihren Arzt in einer gegebenen Frist wechseln wollen, selber dafür zu sorgen haben, dass der einmal ausgestellte Medicinschein in die Hände des andern Arztes komme; dass ihnen innerhalb jener Frist von Seiten der Commune kein neuer Medicinschein ausgehändigt wird, kann als ein vollkommenes Schutzmittel gegen dies „Laufen von einem Arzte zum andern“ angesehen werden. Jedenfalls würden aber aus demselben der Commune keine Mehrkosten erwachsen, da sie ihrerseits immer nur für den ursprünglichen Medicinschein aufkommen und den Producenten desselben honoriren würde. Ebenso ist die Besorgniss der schwierigen Abrechnung eine Fiction. Es ist nicht wohl einzusehen, in wiefern das in bestimmten Fristen, etwa quartaliter, erfolgende Einlösen der ausgegebenen Medicinscheine für die Kasse mit grösseren Schwierigkeiten verbunden sein sollte, als das Auszahlen der Gehälter.

Wird ad 8 geltend gemacht, dass die älteren und erfahreneren Aerzte sich nur mit interessanten, also auch wohl schwierigen, Fällen befassen, die leichteren aber den jüngeren zur Behandlung überlassen würden, so ist in der That nicht einzusehen, wie dies als ein Einwand hingestellt werden kann. Es muss vielmehr im Interesse der Commune liegen, dass die schwierigen, sogenannten interessanten Fälle von älteren erfahreneren Aerzten behandelt werden. An den leichten Fällen mögen sich immerhin die jüngeren Aerzte versuchen, dies wird den Kranken keinen Schaden, den Aerzten aber, und durch diese der Commune nur Vortheil bringen.

Ueberhaupt ist für hier der Einwand, welcher aus der Unerfahrenheit der Aerzte hergenommen wird, mehr als illusorisch; denn die Mehrzahl der Armenärzte war bei ihrer Anstellung, und ist es zum Theil noch, dieser Kategorie entnommen, weil eben ältere erfahrenere Aerzte im Allgemeinen bei der bestehenden Armenkrankenpflege sich nicht mit der Uebernahme einer Armenarztstelle belasten mögen, während gewiss viele unter diesen unter veränderten Umständen durch ihre Kunst der Commune dienen, und selbst ohne Kosten dienen würden, da voraussichtlich diese alle die für die interessanten Fälle in ihre Hände gerathenen Medicinscheine eher in den Papierkorb und so den Weg alles Fleisches wandern lassen, als zur Einlösung in der Kasse der Armendirection schicken würden.

Die Einwände ad 7 und 14 sind im Wesentlichen identisch, ausserdem aber theils unbegründet, theils zu viel und darum gar nichts beweisend. Es erhellt nicht, welches die Specialkenntnisse sind, die zu dem Amte eines Armenarztes befähigen. Das Wesen der Krankheiten wird dadurch sicher nicht alterirt, dass der Befallene reich oder arm ist. Die Behandlung wird also auch wesentlich dieselbe sein müssen, und wenn für Arme eine luxuriöse Verordnung zu vermeiden ist, so ist dies etwas, was sich leicht begreift, und was leicht angeordnet werden kann. Ueberdies wird Niemand behaupten wollen, dass die etwa prätendirten Specialkenntnisse angeboren werden könnten. Dass es aber ein Nachtheil für die Commune sein werde, wenn viele Aerzte statt weniger sich mit solchen angeblichen Specialkenntnissen ausrüsteten, dürfte schwerlich behauptet werden können. Menschenkenntniss muss sich jeder Arzt erwerben, und es wäre die Armenkrankenpflege sehr übel berathen, wenn jene aus der Armenpraxis ausschliesslich, oder auch nur vorzugsweise, oder aus den Conferenzen der Armencommissionen geschöpft werden sollte. Dass eine genaue Kenntniss der ganzen Armenverwaltung den Aerzten der Armen nothwendig sei, wie ad 14 behauptet wird, darf mit Fug und Recht bezweifelt werden. Was sie wissen müssen von derselben, können sie a priori wissen, das nämlich, dass sie die möglichste Sparsamkeit zu beobachten haben. Daher ist die Gegenwart bei allen Conferenzen der Armencommissionen auch keine unabweisbare Nothwendigkeit. Tritt diese für den einzelnen Fall ein, so kann der diesen Fall behandelnde Arzt eben so gut zu den Conferenzen eingeladen werden, wie der besoldete Armenarzt. Allen Conferenzen der Armencommissionen ihrer Bezirke können die besoldeten Armenärzte doch nicht beiwohnen, weil diese Conferenzen in den einzelnen Commissionen nicht an bestimmte Zeiten gebunden sind, auch nicht an solche gebunden werden können, so dass es sich leicht treffen kann, dass mehrere Commissionen desselben Medicinalbezirks auf ein und dieselbe Zeit fallen.

Hält man es schwierig (ad 13), ärztliche Gutachten zu erhalten, wenn die Wahl der Aerzte den Armen freigegeben wird, so wirft sich zunächst die Frage auf: über was für Personen diese Gutachten ausgestellt werden sollen. Selbstredend können sie nur verlangt werden über Personen, die in ärztlicher Behandlung stehen, oder über solche, die nicht in ärztlicher Behandlung stehen. Dass über die ersteren der behandelnde Arzt das Gutachten auszustellen haben werde, versteht sich von selber, es gehört dies zur Behandlung. Um aber ärztliche Gutachten zu erhalten über Personen, die nicht in ärztlicher Behandlung stehen, die also eigentlich gar nicht der Armenkrankenpflege anheimgefallen sind, stehen der Commune mancherlei Wege zu Gebote. Im Schoosse der Armendirection befinden sich Medicinalpersonen, die ihre Stellung nicht der Ansicht von einigen Gemeindevorstands-Mitgliedern, sondern dem Vertrauen der ganzen durch den Gemeinderath repräsentirten Gemeinde verdanken, und wie man in die Hände dieser Gegenstände legt, welche von bei weitem grösserer Tragweite sind, als ein einzelnes ärztliches Gutachten, so wird man ihnen auch die Ausstellung dieser anvertrauen können. Ausserdem aber ist es eine Erfahrungssache, dass sich in vorkommenden Fällen die Armenverwaltung schon gegenwärtig ärztlicher Gutachten halber an ganz andere Aerzte wendet, als an ihre Armenärzte.

Eng verwandt mit diesen Einwänden ist der ad 9, dass nur durch bestimmte Armenärzte dem Simuliren entgegengewirkt werden könne. Will man den Nicht-Armenärzten nicht Unwissenheit, oder, was noch schlimmer wäre, Unredlichkeit imputiren, so wird man zugestehen müssen, dass sie ebensowohl qualificirt sind, diesem Zwecke zu dienen, als die besoldeten Armenärzte; es sei denn, dass man behaupten wolle: Amt giebt Verstand. Auch ist nicht zu übersehen, dass selbst von älteren Armenärzten Atteste vorkommen, die, lediglich auf die Aussagen der Kranken gestützt, in dem Grade wenig der Simulation entgegentreten, dass selbst Armencommissionen Anstand nehmen, sie zu respectiren. Dass aber ein solches Nichtrespectiren von Attesten besoldeter Beamten nicht eben geeignet ist, die Autorität derselben aufrecht zu erhalten, bedarf keines Beweises. Eine Entfernung aus dem Amte solcher, selbst wiederholentlich ausgestellter, nicht gehörig begründeter Atteste halber, muss unter den jetzigen Umständen eine Härte erscheinen, während bei veränderten Umständen es eben so wenig verfänglich ist, die Atteste gewisser Aerzte von der Armenbehörde zurückgewiesen zu sehen, wie es verfänglich ist, wenn die Gerichtshöfe auf Atteste solcher Aerzte kein Gewicht legen. Ueberdies würde die Removirung solcher Aerzte von der Armenpraxis auch keinen Schwierigkeiten unterliegen. Anlangend die bei den Armenärzten präsumirte Personalkenntniss, so erscheint eine solche Präsumtion ebenfalls illusorisch. Die Armenkranken eines Medicinalbezirks sind keine constante Grösse; denn die Armen wechseln gar nicht selten ihre Wohnungen, und werden durch einen solchen Wohnungswechsel „unbekannte Personen“ für die betreffenden Armenärzte. Auch kann aus diesem Wohnungswechsel eine Collision der Gutachten verschiedener Armenärzte ebensowohl entstehen, als sie bei den Aerzten der freien Wahl sich finden kann.

Wird ad 4 auf die Schwierigkeit der Controlle hingewiesen, welche entstehen soll aus der Zulassung der freien Wahl, so muss man zuerst fragen, worauf sich denn überhaupt eine solche Controlle erstrecken soll und kann. Soll die Sorgfalt controllirt werden, welche von Seiten der Aerzte den Armen gewidmet wird, so dürfte eine solche Anforderung unter allen Umständen für eine Behörde eine illusorische sein. Sachkundige werden hieran nicht zweifeln. Ganz im Gegentheil wird eine erfolgreiche Controlle fast unmöglich bei dem Bestehen bestimmter Armenärzte. Die Richtigkeit, das Begründete der Klagen der Armen gegen die Behandlungsweise der Aerzte zu constatiren, liegt fast immer, ja man kann sagen, mit höchst seltenen Ausnahmen ganz, ausser dem Bereiche der Möglichkeit, und diese Unmöglichkeit der Feststellung einer Versäumniss, einer unfreundlichen Behandlung lässt es für die Behörde auch ganz unzulässig erscheinen, auf Grund solcher Beschwerden einen Armenarzt aus seiner Stelle zu entfernen. Ganz anders gestaltet sich dies, wenn dem Armen die Wahl seines Arztes überlassen ist. Die Behörde braucht hier nicht zu controlliren, sie braucht nicht von der Stelle zu removiren, der Ruf, in den sich der eine oder der andere Arzt durch sein Verfahren bei den Armen setzt, ist die beste Controlle, und führt am sichersten zu einer Removirung der Unthätigen.

Handelt es sich aber um die Controlle der Verordnungen in finanzieller Beziehung, so ist diese in dem einen Falle nicht schwerer als in dem andern, und der Behörde wird es freistehen, den rücksichtslos Verordnenden von der Armenpraxis auszuschliessen. Ob hierbei der Maassstab angelegt werden kann, der jetzt gebräuchlich ist, ob dieser Maassstab ein richtiger ist, das ist eine andere, weiter unten zu beleuchtende Frage.

Dass der Einwand ad 8 in seiner Fassung, und in einer solchen liegt er vor, nicht recht verständlich, ausserdem aber zu denen gehört, die einen Vortheil zu einem Nachtheil stempeln wollen, kann kaum bezweifelt werden.

Wenn ferner der Einwand ad 2 auch als ein Bedenken gegen die freie Wahl des Arztes Seitens des Armen dies hinstellt, dass Aerzte, die sich für eine „einträgliche Privatpraxis“ das erforderliche Vertrauen zu gewinnen nicht gewusst haben, sich zur Armenpraxis drängen werden, so soll dies an sich nicht bestritten werden. Soll hiermit aber behauptet werden, dass solche Aerzte auch wirklich die Armenpraxis auf die Dauer an sich reissen würden, so muss das geradezu bestritten werden. Was ihnen für die Erlangung einer einträglichen Privatpraxis ein Hinderniss war, wird ihnen auch hemmend für die Armenpraxis entgegentreten. Wohl aber lässt sich im geraden Gegensatze zu diesem Bedenken sagen, dass ein Theil der Armenärzte die Armenpraxis nicht aufgiebt, weil sie sich eine „einträgliche Privatpraxis“ zu bilden versäumen oder nicht verstehen.

Ist endlich in einigen dieser Einwände, und namentlich durch den ad 5, die Besorgniss angeregt, dass der Zweck der freien Wahl illusorisch werden werde, wenn den Aerzten das Recht der Ablehnung zustände, so erscheint dieselbe theils den anderweit ausgesprochenen Befürchtungen gegenüber ganz unbegründet, theils aber würden die Armen dadurch in keine andere oder üblere Lage versetzt werden, als in welcher sich alle zahlenden Patienten bis zu den höchsten Regionen der menschlichen Gesellschaft hinauf befinden. Sind die Aerzte auch verbunden, in dringenden Fällen ihre Hülfe nicht zu verweigern, so sind sie doch durch nichts gezwungen, die Behandlung fortzusetzen, wenn die erste dringende Gefahr beseitigt ist. Dies kann Jedem, dem Reichsten, begegnen, und hierauf in Bezug auf die Armen ein besonderes Gewicht legen, heisst wieder die Humanität vorschieben, nicht ihr huldigen.

Darf man demnach die erhobenen Einwände als solche bezeichnen, die entweder ganz hinfällig sind, oder eben so gut gegen das jetzt bestehende System erhoben werden können, so dürfte man dahin kommen, nicht dem Bestehenden, sondern dem hier Befürworteten den Vorzug zu geben.

Dort ist der Kranke an den Arzt, dieser an jenen oft bei gegenseitigem Widerstreben gebunden; hier entwickelt sich ein freies Verhältniss. Der Arzt, der aus der Armenpraxis Nutzen ziehen will, sei dieser ein wissenschaftlicher, sei er ein pecuniärer, wird danach streben, die Armen durch freundliches, entgegenkommendes Benehmen zu sich heranzuziehen, zugleich aber durch Berücksichtigung der Communalinteressen sich gegen eine Removirung Seitens der Behörden zu sichern. Der Arme wird durch den Wunsch, von diesem oder jenem Arzte behandelt zu sein, dahin getrieben werden, demselben mit Anstand und Höflichkeit zu begegnen. Arme und Aerzte, die dem nicht nachkommen, was Humanität und gute Sitte verlangen und gebieten, werden beide bald in Verruf kommen, und genöthigt sein, ihr Betragen zu ändern. Der thätige, sorgsame Arzt wird mit reichlicher Beschäftigung angemessene Einnahme haben, und für träge und unfreundliche werden die Sinecuren wegfallen.

Den älteren und erfahreneren Aerzten wird die Möglichkeit eröffnet, ohne die Unannehmlichkeiten einer eigentlichen Armenarztstelle zu übernehmen, und ohne aus eigener Tasche zu ihrer Mühwaltung noch die Arzneien beisteuern zu müssen, in geeigneten Fällen den Armen und der Commune zu dienen. Rührige, rüstige, jüngere Aerzte werden in der Behandlung der leichteren Fälle Gelegenheit haben, sich zum Nutzen und Frommen der Armen und der Commune auszubilden. Die Armen werden in dringenden Fällen weniger ohne Arzt sein, als wenn sie an einen einzigen Arzt ausschliesslich verwiesen sind, der ja doch bei der grössten Gewissenhaftigkeit nicht immer zu haben ist, auf den aber jeder andere Arzt, der nicht als Armenarzt bezeichnet ist, sie verweisen wird und muss. Die vorgeschlagene Einrichtung der Medicinscheine, das Recht der Behörde, Aerzte, welche gegen das Interesse der Commune handeln, von der Armenpraxis auszuschliessen, wird die Commune gegen Ueberbürdung sichern. Wie jeder Uebergang von einem System in der Verwaltung zu einem andern anfangs mit mancherlei Uebelständen verknüpft ist, so würde das auch hier der Fall sein, wenn das jetzt bestehende System mit einem andern vertauscht werden sollte. Um dieser Uebelstände aber keine Veränderung vornehmen wollen, hiesse sich stereotypiren lassen.

Man kann schliesslich für die Erörterung dieses Gegenstandes fragen:

1) Welcherlei Aerzte muss die Commune für ihre Armenkranken wünschen?

2) Welcherlei Aerzte kann sie für dieselben unter den gegenwärtigen Verhältnissen erwarten?

3) Welche Motive können Aerzte leiten, sich der Armenpraxis zu unterziehen?

Um mit der letzten, dritten Frage zu beginnen, so lassen sich etwa folgende Motive denken:

a) Reine, aufopfernde Menschenliebe; gewiss das edelste Motiv, aber nicht das häufigste, überdies ein solches, welches durch die Nothwendigkeit, für die eigene Existenz zu sorgen, seine Begrenzung findet.

b) Der Wunsch, auf bestimmten Gebieten ausgebreitetere Erfahrungen zu sammeln. Ebenfalls ein Motiv, welches, wenn auch häufiger wirkend, doch auch seine natürlichen Grenzen findet, entweder in der anderweit angewachsenen Beschäftigung, oder indem das bestimmte Gebiet zu einem bestimmten Zwecke genügend ausgebeutet und abgebaut ward.

c) Der Drang nach praktischer Beschäftigung. Wenn die jüngeren Aerzte sich durch dies Motiv zur Armenpraxis treiben lassen, so kann hieraus weder für die Commune noch für die Armen ein Nachtheil erwachsen, auch den betreffenden Aerzten aus demselben kein Vorwurf gemacht werden.

d) Das Bedürfniss, sich Existenzmittel zu schaffen. Selbst dies Motiv ist nicht überall und schlechthin verwerflich.

Die Mannichfaltigkeit dieser Motive sichert aber unzweifelhaft die Armen gegen Mangel an Aerzten. Während nun die Fixirung von Aerzten, welche allein durch das letzte Motiv sich leiten lassen, als etwas Bedenkliches erscheinen dürfte, wird das Freigeben der Wahl bei denselben ein Sporn sein.

Es ist aber die Armenpraxis entweder mit sehr grossen Widerwärtigkeiten verknüpft, oder sie ist es nicht. Im ersteren Falle werden die Motive der drei ersteren Kategorien bei dem einzelnen Individuum eine bedeutende Stärke haben müssen, um dasselbe zur Annahme der Armenpraxis zu bestimmen; oder es wird das letzte Motiv das einzig geltende sein. Im andern Falle ist nicht einzusehen, weshalb irgend wo und wie ein Mangel an Aerzten für die Armenkranken sich zeigen sollte.

Wenn nun auch, zur ersten Frage übergehend, die Commune wünschen muss, nur erfahrene Aerzte für ihre Armenkranken zu besitzen, so liegt es am Tage, dass dies bei der bestehenden Einrichtung im Allgemeinen ein frommer Wunsch bleiben wird und muss. Stark beschäftigte, mithin erfahrene Aerzte haben nicht die Zeit, auch oft nicht mehr die körperlichen Eigenschaften, um sich allen den Beschäftigungen und Dienstleistungen zu unterziehen, welche von ihnen als fixirten Armenärzten verlangt werden und verlangt werden müssten. Daher kann — als Antwort auf die zweite Frage — die Commune nur erwarten entweder jüngere, also nicht erfahrene, wenn auch noch so befähigte Aerzte, oder solche zu ihren Armenarztstellen zu gewinnen, denen die eigene Praxis Raum genug lässt, und den Wunsch erzeugt, noch aus Communalmitteln ihre Einkünfte zu vermehren.

Es ist aber unschwer einzusehen, dass durch diese Verhältnisse gerade die Momente untergraben und gestürzt werden, welche die Verfechter der fixirten Armenarztstellen für sich anführen.

Nach dieser Ausführung übrigt es noch, zwei Vorschläge zu beleuchten, welche in neuerer Zeit gemacht worden sind, und deren Uebergehung unzulässig erscheint, weil der eine in derjenigen Commission berathen worden ist, welche die hiesige Commune zu Vorschlägen für die Reorganisation des Armenwesens niedergesetzt hatte, der andere aber wesentlich bestimmt war, auf diese Vorschläge einzuwirken.

Von letzterem zunächst.

Es ist derselbe, ausgegangen von dem hiesigen praktischen und Stadt-Armenarzte Hrn. Dr. Liman, in dem ersten Hefte des zweiten Bandes von Casper's Vierteljahrsschrift für gerichtliche und öffentliche Medicin erschienen, und als Separatabdruck an die Communalbehörden vertheilt worden. Das Wesentliche ist der Vorschlag einer Beisteuer, einer Abgabe, zu der „sämmtliche Einwohner, welche in den Verhältnissen leben, dass sie voraussichtlich im Erkrankungsfalle der Sorge der Armencommissionen anheimfallen, beizutragen verpflichtet sind" l. c. pag. 83 und pag. 27 des Separatabdruckes. Es bedarf gewiss nur der einfachen Angabe dieses Vorschlages, um Alle, welche mit den in Betracht kommenden Lebensverhältnissen bekannt sind, von dem gänzlich Unpraktischen desselben zu überzeugen: er würde zu Nichts, oder zu Unbilligkeiten, um nicht zu sagen Ungerechtigkeiten, oder zu einer aus mannichfachen Gründen verwerflichen Armensteuer führen. Dass durch dies Einkaufen in die Krankenkassen dem Wesen nach nichts Anderes geschieht, als was der Gesundheitspflege-Verein zu erreichen strebt, dass also alle Einwände, welche gegen diesen gemacht werden können, in gewissem Sinne auch gegen jenes zu richten sein werden, dürfte auf der Hand liegen, und wenn man auch den doch noch sehr zweifelhaften Vortheil der Betheiligten durch die Wahl ihrer Aerzte von Nichtbetheiligten als einen möglichen, wenn auch nicht nachgewiesenen, vor der Hand gelten lassen will, so wird durch den ganzen Vorschlag nichts von dem geändert, was in den Einrichtungen des Gesundheitspflege-Vereins als dem ärztlichen Publicum nachtheilig anerkannt werden muss. Der einzige Unterschied ist der, dass bei dem Gesundheitspflege-Verein durch Private Zahlungsfähigen aber Zahlungsunlustigen Gelegenheit gegeben wird, das ärztliche Publicum in seinen wohlverdienten Einnahmen zu schmälern, während bei dem vorliegenden Vorschlage eben dasselbe, nur unter der Aegide der Communalbehörden, geschieht.

Die Commission der Communalbehörden ist über den hier besprochenen Vorschlag hinweggegangen, weshalb es um so mehr der Beurtheilung des Verfassers überlassen werden kann: zu entscheiden, ob der Ton, in welchem die ganze Betrachtung verfasst ist, gerade der für eine solche Betrachtung passende gewesen. Und nur flüchtig braucht es erwähnt zu werden, dass durch die Anerkennung des auf pag. 66 befindlichen Druckfehlers der dort geführten Auseinandersetzung die Spitze abgebrochen ist. Ob es übrigens für einen „anständigen Mann" weniger Bedenken erregend ist, die ihm etwa durch Verbindungen erwirkten Einnahmen in grösseren Quanten in Empfang zu nehmen, als durch eigene Anstrengung Verdientes in kleinen Posten zu erheben, bleibt natürlich Jedem zu beurtheilen überlassen, nach den Begriffen, welche er von einem „anständigen Manne" sich gebildet.

Der Vorschlag, welcher in der von den städtischen Behörden zur Entwerfung eines Reorganisationsplanes für das Armenwesen erwählten Deputation in Erwägung gezogen ward, ging wesentlich dahin: eine geringere Zahl von Armen-Oberärzten, um mich dieses Ausdruckes zu bedienen, anzustellen, etwa eben so viel, wie Armendistricte eingeführt werden sollen, also zehn; Jedem derselben ein Gehalt bis 500 oder 600 Thlr. zu gewähren, und ihnen Assistenzärzte zuzugesellen, welche unter Verantwortlichkeit der Oberärzte mit diesen die Kranken behandeln sollten; endlich die Form der Krankenscheine dahin zu ändern, dass durch die eine Art derselben nur freie ärztliche Behandlung *ohne* freie Arznei, durch eine zweite Art freie ärztliche Behandlung *mit* freier Arznei gewährt werden solle.

Bei diesem letzten Vorschlage war der leitende Gedanke der, dass viele Personen wohl noch fähig sein würden, die Arzneikosten selber zu tragen, während ihnen die Honorirung des Arztes schwer fallen oder unmöglich sein dürfte. Hierbei ist übersehen, dass, wer in Berlin freie ärztliche Behandlung haben will, solche sehr leicht überall haben kann; er braucht nur eben den Arzt nicht zu bezahlen. Bedenklich ist dieser Vorschlag, der übrigens zum Beschluss erhoben worden, für die Aerzte im Allgemeinen und für die Armenärzte im Besondern, ja endlich für die Armenkranken selber. Es ist ein Anderes, direct Unterstützungen gewähren, und wieder ein Anderes, indirect, auf Kosten Anderer, Unterstützungen zuzubilligen. Unterstützungen in baarem Gelde, in Kleidungsstücken, in Nahrungsmitteln beschweren direct die Communalkasse; bei ihrer Bewilligung zeigen sich die Armencommissionen oft und mit Recht bedenklich, schwierig. Unterstützungen durch Gewährung freier ärztlicher Behandlung beschweren die Communalkasse nicht direct, und es wird sicher nicht zu viel behauptet, wenn man annimmt, dass die Armencommissionen bei einer derartigen Bewilligung wenig oder gar nicht bedenklich sein werden. Sie kostet ja der Stadt nichts; die Armenärzte sind ja doch einmal bezahlt; ob sie noch so und so viel Kranke mehr behandeln, macht keinen Unterschied. Freilich für die Stadt, und zwar vor der Hand, nicht, wohl aber für die Armenärzte. Diese laufen also Gefahr, überbürdet zu werden, und dürften mit Recht mit der Zeit Ansprüche auf Erhöhung ihres zum Theil kärglichen Gehaltes daraus ableiten. Also eine weitere Belastung der Communalkasse. Nicht wenige Personen, denen mehr die Neigung ihren Pflichten nachzukommen, als die Fähigkeit sie zu erfüllen fehlt, werden streben, sich in den Besitz solcher, auf freie ärztliche Behandlung lautender Krankenscheine zu setzen, um so in legaler Form von einer Verpflichtung entbunden zu sein, welche sie sonst schon, wenn gleich mit innerem Erröthen, — vergessen. Von diesem unangenehmen Gefühle, welches denn doch ab und an die Betreffenden zu geringen Zahlungen an die nicht verpflichteten Aerzte trieb, befreit die Ausführung dieses Vorschlages und erleichtert so die Schmälerung der ärztlichen Einnahmen.

Steht es fest, dass den Armenärzten solche Kranken überwiesen werden können, ja sogar müssen, welchen die Zahlung des Arztlohnes schwer fällt, so werden die Aerzte im Allgemeinen keine Veranlassung haben, sich solcher Personen anzunehmen. Leicht könnte sich daher der Gebrauch festsetzen, die sich meldenden Kranken zu fragen, ob sie freie Behandlung in Anspruch nehmen, um sie demgemäss an die Armenärzte zu verweisen. Dies dürfte besonders in den Fällen eintreten, wenn Krankenmeldungen in später Nacht eingehen, da es jetzt schon nichts Ungewöhnliches ist, dass ein Arzt des Nachts herausgerufen wird, um am andern Morgen von dem Kranken oder dessen Angehörigen zu hören: „man habe nun zu dem verpflichteten Gewerksarzt u. s. w. geschickt.“ Also nicht einmal die Genugthuung für den in seiner nächtlichen Ruhe gestörten Arzt, den ganzen Verlauf der Krankheit beobachten zu können.

Für die Aufstellung von Armen-Oberärzten und besonders von Assistenzärzten ist als Motiv aufgestellt worden, dass man auf diese Weise eine Pflanzschule von Armenärzten haben, und den häufigen Wechsel jüngerer Aerzte vermeiden werde. Das Illusorische dieser Auffassung liegt klar zu Tage. Aeltere, erfahrene Aerzte werden sich zu den Oberarztstellen nicht drängen, da das gebotene Honorar kein Aequivalent ist, wenn die Ansprüche aufrecht erhalten werden sollen, die der Vorschlag an sie macht. Voraussehen lässt es sich überdies, dass allmälig die Behandlung, namentlich die der leichteren Kranken, ganz in die Hände der Assistenzärzte übergehen werde. Das zu Vermeidende wird also nicht vermieden, der grösste Theil der Armenkranken wird den jüngeren Aerzten zur Behandlung überlassen sein. Ob die Aussicht, dereinst einmal eine der 10 Oberarztstellen mit 500 Thlr. Fixum zu erhalten, gegen den Wechsel der Assistenzärzte schützen werde, darf mit Recht bezweifelt werden. Diejenigen von ihnen, denen es gelingt, sich eine eigene Praxis zu bilden, werden schwerlich um einer so fernen und precären Aussicht halber ihre Stellen behalten. Die Pflanzschule der Armenärzte wird sich auflösen in eine allgemeine ärztliche Pflanzschule, und dem Wechsel des ärztlichen Personales wird nicht vorgebeugt.

Schliesslich hat denn auch die Commission diesen Vorschlag fallen lassen. —

Es ist der Controlle über die Verordnungen Erwähnung geschehen, und die Frage aufgeworfen, ob das jetzige Verfahren bei derselben das geeignetste sei. Aus der Zahl der Recepte und den gesammten Kosten derselben wird der mittlere Werth der Verordnungen gezogen, und dieser als Kriterium einer sparsamen Verordnung angesehen. Es scheint das nicht angemessen. Ein Arzt kann mit wenigen Verordnungen, welche einen hohen Durchschnittspreis ergeben, seine Kranken herstellen; ein anderer trifft Verordnungen, von denen jede nur die Hälfte von dem kostet, was jene im Mittel kosteten. Er muss aber so viel Verordnungen treffen, dass der Gesammtbetrag den um das Mehrfache übersteigt, auf welchen jener bei seinen theureren Verordnungen kam. Ein richtigeres Maass würde sich ergeben, wenn man die Gesammtkosten der von einem Arzte verordneten Arzneien durch die Kopfzahl seiner Kranken theilte. Dass aber auch dies nicht überall zutreffend und richtig ist, kann nicht bezweifelt werden, da die Natur der behandelten Krankheit, die Verhältnisse, in denen der Kranke lebte, jedenfalls in Rechnung gezogen werden müssten, wollte man ein gültiges Resultat haben. Doch ist dies nicht thunlich. Es bleibt fast nichts übrig, als zu vertrauen, und bei entstehendem Misstrauen Rechtfertigung durch Krankengeschichten einfordern, um sie durch die technischen Mitglieder der

Behörde prüfen zu lassen, eventuell den betreffenden Arzt ganz oder pro tempore aus seiner Stellung zu removiren.

Schliesslich kann noch die Frage aufgeworfen werden, ob die Aufstellung einer Armenpharmacopöe für die Armenkrankenpflege angemessen, ob eine Verpflichtung der betreffenden Aerzte auf dieselbe rathsam und durchführbar sei. Theoretisch sind alle drei Fragen zu bejahen; praktisch findet dies nicht in gleichem Maasse statt.

Das Aufstellen einer Armenpharmacopöe hat nichts Bedenkliches; für die Hospitalpraxis ist sie sogar wünschenswerth, und für die ambulatorische Praxis gewährt sie das Gute, dass sie den betreffenden Aerzten einen Leitfaden, einen Anhalt bietet.

Ebenso kann im Allgemeinen nichts Bedenkliches darin gefunden werden, wenn man den Hospitalärzten die Verpflichtung auferlegt, nach einer solchen Pharmacopöe zu verordnen. Ausnahmen dürften indessen zulässig sein unter denselben Bedingungen etwa, unter welchen selbst den Militärärzten ein Abweichen von der Pharmacopoea militaris gestattet ist. Die erfolgten Abweichungen müssen motivirt werden. Dass die Commune hierbei nicht zu engherzig zu Werke gehe, kann von ihr gefordert werden; denn sie muss die Verpflichtung anerkennen, auch der Arzneikunde und Arzneikunst Rechnung zu tragen.

Für die ambulatorische Armenkrankenpflege ist indessen die strenge Einhaltung der Vorschriften einer Armenpharmacopöe bedenklich. Wenn in einem Lazarethe es erzwungen werden kann, dass der betreffende Kranke die ihm gereichte Arznei wirklich nehme und gebrauche, so ist ein solcher Zwang in der ambulatorischen Armenpraxis durchaus unausführbar. Dies nicht allein in der Kinderpraxis, sondern selbst bei erwachsenen Personen. Die Darreichung von Medicamenten, gegen welche die Armen einen Widerwillen haben, führt zu Hintergehungen des Arztes, zum Nichtgebrauche der Arzneien, hierdurch zur Verlängerung der Dauer der Krankheit, und somit zu grösseren Ausgaben für die Commune, als wenn den Kranken etwas theurere, ihnen aber angenehmere Arzneien verordnet werden. Eine Empfehlung der Vorschriften der Armenpharmacopöe wird das Einzige sein, was geschehen kann.

Hiernach resumirt sich dasjenige, was in der ärztlichen Behandlung für die Armenkrankenpflege gewünscht werden kann, dahin:

Verordnung der ersten Arznei auf Kosten der Armen oder deren Angehörigen unter den angegebenen Bedingungen und Voraussetzungen.

Errichtung von Krankenhäusern mässigen Umfanges in verschiedenen Gegenden des Ortes, mit dirigirenden Aerzten, welchen die Annahme von Privatpraxis nicht gestattet ist.

Freigebung der Wahl der Aerzte Seitens der Armen unter den angeführten Verhältnissen und Bedingungen.

Aufstellung einer Armenpharmacopöe zur Befolgung in den Lazarethen und zur Berücksichtigung in der ambulatorischen Armenpraxis.

Berlin, im September 1852.

Kolibri 360 GmbH
Ferdinand-Jühlke-Straße 7
99095 Erfurt, Deutschland
produktsicherheit@kolibri360.de